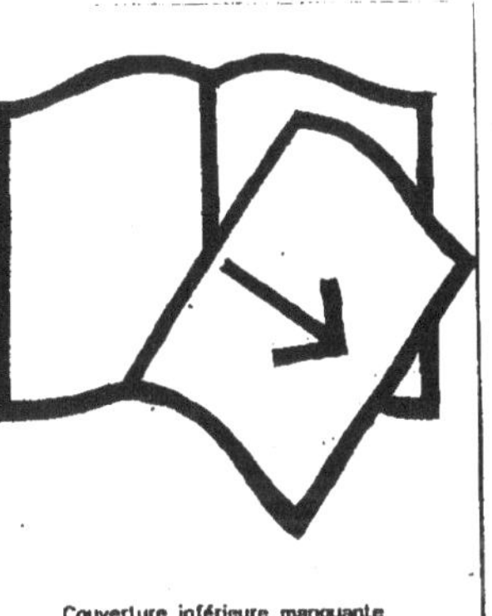

Couverture inférieure manquante

Illisibilité partielle

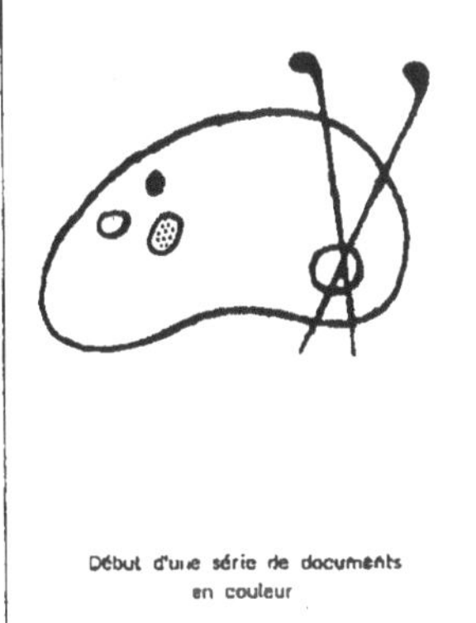

Début d'une série de documents
en couleur

VALABLE POUR TOUT OU PARTIE DU
DOCUMENT REPRODUIT

CHARLES RICHET

Dans Cent Ans

DEUXIÈME ÉDITION

PARIS

PAUL OLLENDORFF, ÉDITEUR

28 *bis*, RUE DE RICHELIEU, 28 *bis*

1892

Fin d'une série de documents
en couleur

Dans Cent Ans

DU MÊME AUTEUR

LIBRAIRIE ALCAN

L'Homme et l'Intelligence, 1 vol. in-8°, 2° édit., 1889.

Essai de Psychologie générale, 1 vol. in-12, 2° édit., 1891.

LIBRAIRIE OLLENDORFF

Possession, par CHARLES EPHEYRE. 1 vol. in-18.

Sœur Marthe, 1 vol. in-18.

Une Conscience d'Homme, 1 vol. in-18.

A la Recherche du Bonheur, 1 vol. in-18.

A la Recherche de la Gloire, 1 vol. in-18.

Dans Cent Ans

PAR

CHARLES RICHET

—

DEUXIÈME ÉDITION

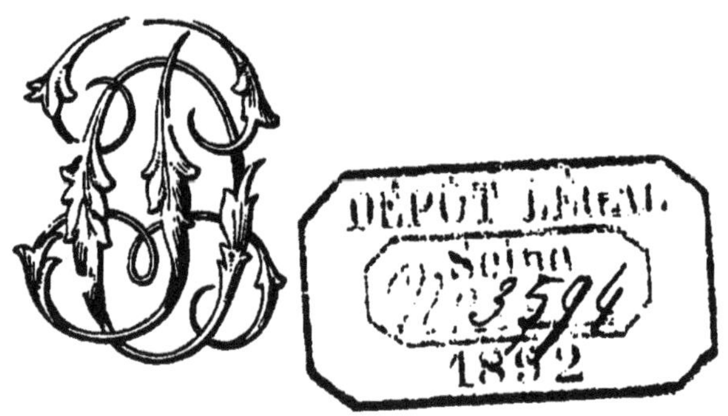

PARIS

PAUL OLLENDORFF, ÉDITEUR

28 *bis*, RUE DE RICHELIEU, 28 *bis*

—

1892

Tous droits réservés.

DANS CENT ANS

I

INTRODUCTION

Quand le voyageur, arpentant la route poudreuse, atteint enfin une des premières étapes de sa course, il se retourne, et mesure de l'œil avec une légitime satisfaction le chemin qu'il a parcouru. Mais parfois aussi, jetant un regard inquiet sur la route qui, à perte de vue, s'étend devant lui, il contemple cet espace inconnu qui sera sa route de demain, et compare la course qu'il a faite avec celle qui lui reste à faire.

L'homme, ce voyageur, est moins sage. Souvent il regarde derrière lui, étudie patiemment les enseignements de l'histoire, et mesure la distance qui sépare le présent du passé. Mais bien rarement il songe à scruter l'avenir. Il ne se préoccupe pas des destinées futures qui attendent l'humanité. Il vit au jour le jour, sans chercher à approfondir le mystère des siècles, ou même des années, qui vont venir.

On ne peut guère blâmer les hommes de cette insouciance ; car, à presque tous, sinon à tous, l'heure présente apporte avec elle un fardeau assez lourd pour occuper toute l'intelligence et toute l'activité, de sorte qu'il ne reste plus de place à la spéculation. Les hommes d'action n'ont pas le temps de rêver. Quant aux penseurs, aux poètes, aux savants, ils ont, eux aussi, une tâche quotidienne, qui renaît sans cesse, plus pressante, plus utile peut-être, que cette problématique interrogation de l'avenir.

Ils croient d'ailleurs, et non sans quelque raison, que l'avenir est fermé; que nul ne peut en rien connaître; que l'imprévu, l'inattendu, l'inexplicable sont des forces ayant gouverné et devant continuer à gouverner le monde. Ils pensent, en un mot, qu'il y a, même dans la rêverie, même dans la spéculation, des limites qu'on ne doit pas franchir, sous peine de tomber dans l'absurde.

Cependant nous essayerons, au risque de passer pour téméraires, de poser le problème de l'avenir réservé à l'homme, et nous nous ferons résolument cette grave question : *Où allons-nous* ?

Assurément il ne peut être question d'un lointain avenir. A mesure qu'on s'éloigne de l'époque actuelle, l'avenir est de plus en plus mystérieux. Il y a déjà une grande incertitude sur l'avenir de l'an 1893. Que sera-ce pour celui de l'an 1900 ? Et que pourra-t-on dire avec quelque vraisemblance sur les destinées de l'an 2000 ou de l'an 3000 ? Plus on s'écarte du présent, plus l'imprévu ou l'imprévoyable prennent d'importance. Leur rôle croît en proportion géométrique, à peu près comme la chance de rencontrer la cible en tirant un coup de carabine au hasard va en diminuant rapidement à mesure que la cible est plus loin du tireur.

Il faut faire une très large part à l'imprévu, même lorsqu'on n'envisage que le siècle futur. Alors, pour les autres siècles futurs, la part de l'imprévu doit être faite si grande, qu'il ne reste plus rien pour le prévu.

D'ailleurs ce sort très lointain des hommes ne doit pas nous intéresser beaucoup. Les générations humaines passent vite. Il paraît qu'au bout de cinquante ans, toutes les tombes sont abandonnées. Dans cinquante ans, ceux qui me lisent aujourd'hui n'existeront plus : cinquante ans plus tard, personne ne songera à eux. En l'an 2000, les petits-enfants de mes lecteurs d'aujourd'hui seront des vieillards très vieux. La génération active et jeune de l'an 2000 n'aura jamais entendu parler des hommes d'aujourd'hui autrement que par les livres, et la génération présente, celle qui est aujourd'hui jeune et active, appartiendra à l'histoire : elle n'aura plus de famille. Pourquoi alors prendrions-nous quelque souci de ces générations qui ne prendront aucun souci de nous? Occupons-nous de nos enfants, et de nos petits-enfants : même, si l'on veut, de nos arrière-petits-enfants; et limitons à eux notre sollicitude, d'autant plus que toute prévision sur le sort des autres serait de la pure fantaisie, sans aucun sérieux appui.

Même en ne prenant comme terme extrême de nos prévisions que l'année 1992, ou, en chiffres ronds, l'an 2000, fin du xxᵉ siècle, nous serons trop souvent conduits malgré nous, par la nature même de notre sujet, à des appréciations fantaisistes. Mais — il faut bien qu'on le sache — nous ne nous faisons aucune illusion sur le caractère hypothétique de la plupart des considérations qui vont suivre.

Nous devons dire que nous traiterons avec le plus de précision possible et par une méthode presque scientifique ces hypothèses sur l'avenir. Nous prendrons les courbes des grands phénomènes sociaux, et nous les prolongerons suivant la ligne probable. Faire la statistique graphique de l'avenir, cela est certainement bien aventureux ; mais le silence n'est pas une solution, et, à tout prendre, la courbe de la statistique future prolongée sur la statistique passée a une probabilité relativement assez grande, si l'on suppose ce qui est le plus vraisemblable, c'est-à-dire l'homogénéité des phénomènes.

Nous le répétons encore : ce sont des hypothèses, et qui sait si, d'ici à peu d'années peut-être, les faits ne nous donneront pas un étonnant démenti ? Mais nous espérons qu'on nous rendra, aujourd'hui du moins, cette justice que nous faisons la part la plus large à l'imprévu, et, d'autre part, que nul essai dans ce sens n'a été fait encore, avec des statistiques authentiques et des faits positifs comme base.

Quoique, en fait d'avenir, tout soit hypothétique, il y a cependant une première hypothèse qui est tellement vraisemblable qu'on peut la prendre pour une certitude ; c'est que d'ici à cent ans les conditions physiologiques, et pour ainsi dire zoologiques de l'humanité n'auront pas subi de changement appréciable.

La Terre a eu un commencement, et elle aura certainement une fin. Mais cette fin est si lointaine qu'il ne faut pas s'en alarmer. Les astronomes et les géologues nous ont prouvé que le refroidissement de la Terre est continuel et qu'elle perd constamment du calorique, en rayonnant à travers les espaces glacés qu'elle parcourt avec une rapidité vertigineuse. Mais ce refroidissement est très lent. En supposant un millième de degré par an — et nous exagérons sans doute encore — cela fait un degré en mille ans ; ou autrement dit deux degrés depuis l'ère chrétienne, trois degrés de moins qu'au temps d'Homère. Il faudrait donc huit mille ans pour que la température de Paris fût celle de Moscou. Huit mille ans! Sait-on ce que cela signifie ? Ce n'est rien du tout au point de vue cosmique; mais, pour l'humanité, c'est plusieurs mondes; puisque c'est à peine si nous pouvons soupçonner quelque chose de ce qu'était l'homme il y a cinq mille ans.

Nous devons donc nous rassurer sur le refroidissement de la Terre. Les hommes ont quelque vingt mille ans devant eux, avant qu'ils aient à s'en inquiéter sérieusement et à en souffrir. Peut-être d'ici là auront-ils le temps de prendre leurs précautions.

Quant aux cataclysmes géologiques ou cosmiques, ils ne paraissent guère à craindre. Les volcans ont fini leur temps, ou à peu près. En tous cas, leurs éruptions sont bien localisées. Les astres errants sont rares, et il faut présumer que notre petite planète n'aura pas la mauvaise chance d'en rencontrer un sur sa route.

Donc nous pouvons accepter ceci : c'est que, pendant longtemps, les conditions extérieures ne se modifieront pas. Il y aura des mers, des fleuves, des rivières, des montagnes, semblables aux mers, aux fleuves, aux rivières et aux montagnes d'aujourd'hui. Le soleil se lèvera dans l'horizon de la même manière et aux mêmes heures; et la constitution chimique de l'atmosphère terrestre n'aura subi aucune variation appréciable.

Quand à l'homme lui-même, il est possible, il est même probable qu'il se modifie sans cesse de corps et d'âme; mais ces modifications s'exercent avec une lenteur extrême. S'il se fait en lui d'ici à un siècle quelques légères transformations; si les races actuelles continuent à se croiser et à se modifier, le changement sera si faible qu'il est inutile d'en parler.

Ainsi, dans cent ans, la terre, l'air et l'eau seront ce qu'ils sont aujourd'hui; et l'homme sera ce qu'il est aujourd'hui

Mais, si l'homme reste physiologiquement le même, socialement il se transforme, et se transforme très vite. La stabilité biologique de l'être humain contraste étonnamment avec son instabilité sociale. Nous voudrions ici passer en revue quelles sont les transformations les plus probables que subiront les nations, les sociétés et les connaissances humaines.

II

LES NATIONS

Avant toutes choses, il faut essayer de prévoir quel sera l'état des diverses nations qui peupleront la terre.

Voici le groupement, très approximatif, qu'on peut établir de la population du monde en 1892 et en 1992. Il est évident que nous prenons des chiffres ronds et que c'est de la statistique très rudimentaire, et hypothétique[1].

1. Les chiffres représentent des millions d'habitants.

	1892.	1992.
Russie.	110	340
Allemagne.	49	115

Ces chiffres ne sont pas donnés au ha-

	1892.	1992.
France	38	50
Autriche	42	80
Grande-Bretagne	38	80
Italie	30	50
Espagne, Portugal	22	35
Balkans, Turquie d'Europe	20	30
Suède, Norvège, Danemark	10	15
Belgique	6	10
Pays-Bas	5	8
Suisse	3	5
Europe	375	750
Chine	400	550
Indes	275	350
Indo-Chine	35	50
Iles de la Sonde	30	50
Turquie d'Asie	20	25
Asie centrale	15	25
Asie	775	1 000
Maroc	8	10
Algérie, Tunisie	6	12
Égypte	6	10

sard; ils sont, en chiffres ronds, calculés

	1892.	1992.
Tripoli..	2	3
Cap, Transvaal.	3	10
Afrique centrale.	50	50
Afrique.	75	100
États-Unis.	64	400
Mexique.	12	50
Brésil.	14	50
Canada.	5	40
Amérique centrale.	5	25
Pérou, Bolivie, etc.	4	25
République Argentine..	3	30
Chili..	3	20
Antilles.	3	5
Amérique.	120	700
Australie.	5	30

TOTAL.

	1892.	1992.
Europe..	375	750
Asie..	775	1 000
Afrique.	75	100
Amérique.	120	700
Australie..	5	30
	1 450	2 500

d'après le taux actuel de l'accroissement normal des divers pays indiqués ici [1].

1. Sauf pour les peuples de l'Asie et de l'Afrique dont aucune statistique ne nous fait connaître l'état actuel avec précision, et à plus forte raison l'état en 1852, ce qui est nécessaire pour calculer leur accroissement.

Nous croyons devoir donner ici les chiffres exacts se rapportant à la population, d'après les dernières statistiques :

Europe.

	Année du recensement.	Population.
Russie d'Europe. . . .	1886	100 998 898
Allemagne.	1885	46 857 705
Autriche-Hongrie . . .	1888	40 985 808
France	1886	38 218 903
Grande-Bretagne. . . .	1890	38 583 955
Italie	1889	30 947 306
Espagne	1887	17 545 160
Belgique	1889	6 093 798
Turquie.	1885	5 575 025
Roumanie.	1889	5 376 000

Il y a des peuples à accroissement lent,
il en est d'autres à accroissement rapide ;

	Année du recensement.	Population.
Suède.	1889	4 774 409
Portugal	1881	4 708 178
Pays-Bas	1889	4 548 596
Bulgarie.	1888	3 156 375
Suisse	1888	2 934 057
Finlande	1888	2 305 916
Danemark.	1890	2 172 205
Serbie.	1890	2 096 043
Grèce.	1889	2 187 208
Norvège.	1887	1 978 400
Monténégro	1888	236 000
Luxembourg.	1885	213 283
Total, de 1886 à 1890, en 1888, environ		362 493 328

Afrique.

	Année du recensement.	Population.
Égypte	1882	6 817 265
Maroc.	?	8 000 000
Madagascar	?	5 000 000
Algérie	1886	3 817 306
Sénégal.	?	2 000 000
Tunisie	?	1 500 000

comme les États-Unis et l'Australie. Ces différences d'accroissement sont dues à

	Année du recensement.	Population.
Réunion.	1888	165 009
Obock et colonies franç.	?	1 000 000
Le Cap	1888	1 428 729
Natal et Zambèze. . . .	1888	1 100 000
Maurice	1888	388 824
Gambie et Niger. . . .	?	2 000 000
Zanzibar	?	150 000
Tripoli	?	1 000 000
Congo.	?	10 000 000 (?)
Intérieur de l'Afrique. .	?	?
Possessions portugaises.	?	4 000 000

Amérique.

	Année du recensement.	Population.
États-Unis.	1890	62 480 540
Brésil	1888	14 602 335
Mexique.	1889	11 601 347
Canada.	1888	4 946 497
République Argentine. .	1886	3 203 720
Colombie	1870	3 403 532
Chili	1890	3 175 400
Vénézuéla.	1888	2 234 385

diverses causes, dont la principale paraît être la différence dans la densité respective par l'unité de surface. Elles sont destinées à s'exagérer encore. Il est très vraisemblable que les peuples européens, dont la surface territoriale n'est pas très grande, — sauf

	Année du recensement.	Population.
Pérou.	1876	2 629 663
Antilles espagnoles . .	1883	2 332 078
Terre-Neuve.	1884	193 121
Antilles anglaises . . .	1888	1 584 000
Antilles françaises. . .	1888	357 000
Guyanes.	1888	585 000
Haïti	1888	1 377 000
Guatemala.	1890	1 460 017
Bolivie	1881	1 434 000
Équateur.	1885	1 004 369
Costa-Rica	1889	214 000
Salvador	1887	663 613
Paraguay.	1886	460 000
Uruguay	1888	648 297

Nous ne donnons pas les chiffres relatifs à la population de l'Asie, car ils sont tous incertains.

la Russie — auront un accroissement qui diminuera d'année en année. Déjà, en suivant attentivement la marche de la natalité depuis les vingt dernières années, on voit que dans les pays européens la population tend à devenir stationnaire, de sorte que bientôt l'exemple de la France sera suivi, et qu'en Allemagne, en Angleterre et en Italie, la progression deviendra de moins en moins rapide[1].

1. On nous permettra de citer quelques chiffres qui prouvent cette décroissance de la natalité. Si l'on représente par 100 la natalité des divers pays européens en 1873, on trouve qu'elle s'était, en 1878, 1885 et 1890, abaissée dans la proportion suivante :

	France.	Allemagne.	Angleterre.	Belgique.	Italie.
1873. . .	100	100	100	100	100
1878. . .	96	97	100	99	98
1885. . .	93	94	87	95	101
1890. . .	87	92	81	92	100

Tel n'est pas le cas pour l'Amérique. En
Amérique la natalité est forte, surtout dans

En France, la régularité du décroissement de la
natalité est fatale : chaque année le nombre des
naissances diminue en quantité relative et même en
quantité absolue. En 1890 le nombre des naissances
n'a été que de 878 594, c'est-à-dire un des chiffres les
plus faibles du siècle.

Au contraire, pour la Russie, le nombre des naissances augmente chaque année. En trois ans, c'est-
à-dire 1886, 1887 et 1888, l'excédent des naissances
sur les décès a été de 4 464 499, soit en chiffres ronds
4 500 000, ce qui fait un croît annuel de un million
et demi. A supposer que le nombre restera le même,
cela ferait dans cent ans une population de 150 millions d'habitants à ajouter au chiffre actuel, soit 250 millions en tout. Mais ce chiffre est évidemment beaucoup
trop faible, car la mortalité (par le fait des progrès
de l'hygiène rurale, progrès lents, mais réels) s'abaissera ; et surtout la natalité restera proportionnelle à
la population, c'est-à-dire que, si pour 100 millions
l'excédent des naissances est de un million et demi,
pour 200 millions, cet excédent sera de 3 millions, etc.
On arrivera ainsi bien vite au chiffre de 350 millions
regardé plus haut comme probable.

l’Amérique espagnole. Et puis des flots d’immigrants y viennent chaque année, si bien que, d’une part, l’Europe a un croît qui se ralentit, d’autre part, l’Amérique a un croît qui s’accélère chaque jour, ce qui est évidemment dû à une émigration des populations européennes vers l’Amérique.

Ce mouvement, qui porte les populations de la vieille Europe à venir dans les deux Amériques, ne peut que s’accentuer de plus en plus ; et on comprend sans peine qu’un moment viendra — il faudra plusieurs siècles — où la densité de la population sera à peu près uniforme en Europe, en Amérique et en Afrique. Certes, dans cent ans, l’Europe aura encore, malgré l’exiguïté de son territoire, plus d’habitants que l’Amérique, et l’égalité ne sera pas atteinte ; mais enfin, au point de vue de la densité par kilomètre carré, la dispropor-

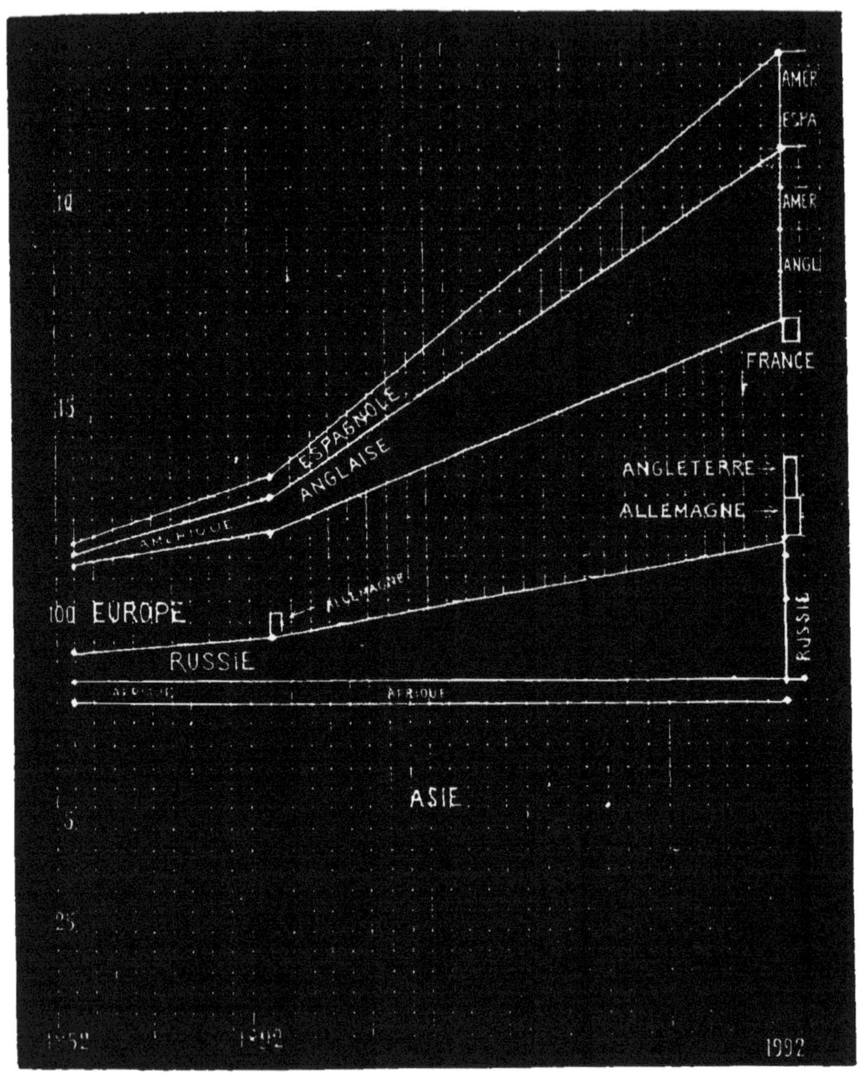

FIG. 1.

Cette figure indique le développement des diverses nations de 1852 à 1892 d'abord, puis de 1892 à 1992.

Nous avons supposé que l'Asie restait stationnaire, ainsi que l'Afrique; toute prévision étant impossible, il vaut mieux supposer le *statu quo*.

On voit que ce qui domine, c'est le développement énorme des États-Unis et de la Russie, alors que les autres peuples européens, et surtout la France, seront numériquement faibles par rapport à ces deux colosses.

tion entre l'Europe et l'Amérique sera moindre qu'aujourd'hui. A mesure que l'humanité se développera, la densité tendra à devenir uniforme.

Quant aux nations européennes, évidemment elles ne suivront pas les unes et les autres la même progression. Ainsi la France a un développement si lent que dans un siècle elle comprendra sans doute à peine 50 millions de Français. L'Allemagne et la Grande-Bretagne auraient certainement une population plus nombreuse que celle que nous avons indiquée, si nous ne supposions pas que, par le fait de la civilisation et de la réflexion, les habitants de ces deux grands pays imposeront une limite à leur propre natalité.

En somme, pour l'Europe, à part la Russie, la densité de la population tendra vers l'uniformité. L'émigration corrigera l'excès de natalité; et l'immigration, le défaut de natalité.

Mais ceci ne s'applique qu'aux nations dont la civilisation est à peu près identique. Or la Russie fait exception en Europe. La civilisation russe est encore embryonnaire, non certes dans les villes civilisées, mais dans les campagnes. Le paysan russe est, pour l'instruction, les sentiments civiques, la culture intellectuelle générale, bien différent des ouvriers ou paysans du reste de l'Europe. Cela ne veut pas dire qu'il soit inférieur en moralité ou en intelligence. Assurément non. Il n'est pas inférieur; il est autre; il n'a ni les bienfaits ni les vices d'une civilisation raffinée, et l'idée de limiter sa famille ne lui est pas venue encore et ne lui viendra probablement pas de sitôt, d'autant plus que l'organisation semi-communale de la propriété dans les campagnes russes ne paraît pas très bien s'accorder avec l'idée malthusienne.

Il en résulte ceci, c'est que la Russie s'accroîtra beaucoup plus vite que les autres peuples européens. Aujourd'hui, la Russie représente à peu près les deux septièmes de l'Europe, tandis que dans cent ans elle en représentera plus d'un tiers.

Donc les deux nations civilisées les plus puissantes en 1992, ce seront les États-Unis d'une part, et d'autre part la Russie. Leur population sera probablement d'environ 600 millions d'hommes, c'est-à-dire bien plus nombreuse que celle de toute l'Europe.

La statistique future de l'Afrique est absolument incertaine. C'est une obscurité parmi l'obscurité. Déjà, pour l'évalua-

tion actuelle, on est réduit à des chiffres
tout à fait fantaisistes. En général on attri-
bue à l'Afrique 200 millions d'habitants ;
mais c'est là un chiffre étrangement exa-
géré. Le vrai chiffre est inconnu, mais il
est plus près de 100 millions que de
200 millions. Les nègres, Soudaniens,
Hottentots, barbares divers, qui s'éten-
dent du Sahara au Cap, et de l'Atlantique
à la mer des Indes, ne sont pas si nombreux qu'on le croit.

On n'a aucun chiffre à donner, et il nous
semble qu'un chiffre total, actuel, de
75 millions, est encore trop fort. Nous
l'adoptons cependant pour ne pas trop nous
éloigner des géographes qui supposent
200 millions d'Africains. Que deviendront
ces barbares quand ils seront en face de
la civilisation? Le moment est presque arrivé où dans toute l'Afrique il n'y aura

plus d'indigènes indépendants. Tous seront soumis au protectorat ou à la domination d'un pouvoir européen quelconque. Y aura-t-il en même temps émigration et peuplement par des Européens? Le fait ne serait pas douteux si nous envisagions un avenir de deux ou trois siècles, mais, à la fin du xxe siècle, il est fort possible que ce mouvement ait à peine commencé. La terre et le climat de l'Afrique ne sont pas favorables aux immigrants ; de sorte que, tout bien pesé, l'accroissement de l'Afrique en population sera assez faible, sauf pour les pays qui, comme le Cap et l'Algérie, ont déjà un commencement très prospère de colonisation européenne.

Reste l'Asie, presque aussi inconnue que l'Afrique. Le chiffre qui exprime dans nos livres européens la quotité de la po-

pulation chinoise est absolument arbitraire. Nous savons, à peu près, qu'elle continue à s'accroître et qu'elle s'accroît très
rapidement. Mais qu'adviendra-t-il dans
l'avenir? Nous supposons un accroissement moyen. Nous faisons de même
pour les populations de l'Inde et de l'Indo-
Chine, ce qui nous conduit au chiffre
énorme d'un milliard d'hommes dans l'A-
sie à la fin du XXe siècle.

Quelles langues parleront ces peuples?
C'est là un point d'une importance fondamentale; car la civilisation et la nationa-
lité dépendent en grande partie de la langue.

Faisons d'abord une remarque essen-
tielle; c'est que la langue d'un peuple civilisé ou demi-civilisé est presque impossible à détruire. Rien n'est plus résistant à

toute conquête, à toute destruction que la langue parlée au foyer paternel; et à l'avenir cette résistance ira en croissant; car les progrès de l'instruction, le développement de la littérature et du journalisme, fortifient la conscience nationale d'un peuple et l'amour de sa langue. Il ne faut donc pas supposer que les petits peuples, dont la langue est parlée par peu d'hommes, adopteront une langue autre que leur langue maternelle. Est-ce que quatre cents ans de domination ont empêché (pour la France) la vie des dialectes breton, basque, provençal et des autres patois? Est-ce que la Pologne infortunée, partagée entre trois maîtres également puissants et tyranniques, n'a pas conservé sa langue? Tout au plus peut-on soutenir que les langues des petits peuples seront parlées de moins en moins, tandis que les langues des grands peuples seront parlées de plus en plus.

Nous aurons alors à peu près les chiffres suivants, exprimant en millions d'hommes le nombre d'individus parlant telle ou telle langue :

Russe.	350		
		Europe.	90
		Cap.	10
		Australie.	30
Anglaise.	500	Afrique.	10
		États-Unis	400
		Canada.	10
		Indes.	30
		Europe.	60
		Algérie.	10
Française.	100	Canada.	5
		Afrique.	10
		Indo-Chine.	15
Allemande.	100	Europe.	100
Espagnole et por-		Europe.	35
tugaise..	235	Amérique.	200
Chinoise.	550		

Si donc on ne devait tenir compte que

du nombre, les Chinois auraient la prééminence; mais, à moins de quelques révolutions ou évolutions imprévues et invraisemblables, la Chine restera à part de la civilisation générale; et d'ailleurs la langue chinoise est si absurde, avec son alphabet étrange, ses caractères grotesques et son vocabulaire interminable, qu'elle n'a aucune chance de se généraliser.

Restent alors les quatre langues suivantes : l'anglais qui sera parlé (ou compris) par 500 millions; le russe par 350 millions; l'espagnol par 250 millions; l'allemand et le français par 100 millions d'hommes.

Il est clair que la langue anglaise sera la plus répandue; elle a d'ailleurs de grands avantages. Elle est simple, facile à comprendre, et, si elle n'était entravée par une orthographe, — c'est-à-dire une prononciation — ridicule, ce serait une langue très propre à une rapide diffusion.

D'ailleurs elle n'est pas si éloignée des langues latines qu'on le croit souvent. Elle s'en rapproche beaucoup. Les auteurs du grand dictionnaire anglais ont constaté que, sur trois mots, deux avaient une origine gréco-latine. Quantité de mots nouveaux se forment chaque jour, dont l'origine est évidemment gréco-latine et finissent par faire une sorte de langue internationale comprise de chacun — *telegraph* — *photograph* — *telephon*, etc. [1].

1. Voici une phrase que je prends au hasard dans le *Journal of Physiology*. Je souligne les mots non dérivés du latin. « *A* recent paper *on the* maximal frequency *of* stimulation *of* nerve *and* muscles *which* is capable *of* producing tetanus, *gives* occasion *for a* criticism *of the* electrical method, *at least as* commonly employed, *as* incompetent *to* solve *the* problem proposed. *It* is *of* manifest importance *to our* conceptions *of the* physiological processes in active

Ce qui donnera à la langue anglaise une supériorité marquée sur la langue russe, c'est son alphabet romain ; tandis que l'alphabet russe, avec ses sons gutturaux spéciaux, reste en dehors de la lecture courante pour les peuples de l'Europe occidentale.

La langue allemande, elle aussi, a un alphabet spécial ; mais il est très probable, quand la mode du vieux germanisme aura disparu, que l'alphabet gothique sera rangé dans les curiosités d'un autre âge. Déjà, dans tous les livres de science, et dans quelques journaux, l'alphabet romain a détrôné l'alphabet gothique.

C'est sans doute une chimère que de vouloir ressusciter une langue morte

nerve *and* muscles. » On voit que dans ces phrases les articles et les prépositions sont à peu près les seuls mots qui ne soient pas d'origine latine.

(comme le latin) ou imaginer une langue nouvelle (comme le volapuk [1]). Il faut se résigner à notre sort. Depuis que la tour de Babel a été renversée, tous les peuples parlent des langues différentes; et ils continueront, jusqu'à ce que les petits soient

1. Depuis l'essai de Leibniz pour une langue universelle, on a fait de nombreuses tentatives qui n'ont jamais réussi, même partiellement. Cependant il ne faut peut-être pas se décourager, et nous nous garderons bien de railler ou de blâmer ceux qui ont fait des tentatives d'une langue universelle. Je me contente de mentionner le *volapuk* de M. Schleyer (de Constance); le *Pasilingua* de M. Steiner; le *Kosmos*, de M. Eug. Lauda; la *lingua internatia*, de M. Esperanto, de Varsovie; le *Bopal*, de M. S. de Max, de Paris; la *lingua internasional*, de M. Jules Lott, de Vienne; le *Nov Latin*, de M. Daniel Rosa, de Turin: et la *lingua catolica*, de M. Alb. Liptaï, de Valparaiso. (Pour les renseignements bibliographiques je renverrai à ce dernier ouvrage — *Projet d'un idiôme international*, par M. Albert Liptaï. 1 vol. 8°, Paris, 1892, chez Bouillon).

anéantis par les grands, ce qui n'est certes pas désirable. Mais ce qu'on doit espérer, c'est que les langues actuelles, qui ont le plus de chance de se généraliser, comme l'anglais et les langues latines (en confondant en une langue unique l'espagnol, le français et l'italien), se groupent, se fusionnent de plus en plus, s'empruntant mutuellement tel ou tel terme de leur vocabulaire.

Assurément, dans un siècle, cette fusion ne se sera pas effectuée. Sauf quelques modifications accessoires, l'anglais qu'on parlera à Londres en 1992 ressemblera à celui qu'on y parle aujourd'hui ; mais on doit songer à la possibilité d'une introduction dans la langue anglaise — la langue de l'avenir — d'expressions latines (c'est-à-dire françaises, espagnoles et italiennes) de plus en plus nombreuses. Il faut y songer, et il faut l'espérer.

Quant aux langues autres que celles-là, le suédois, le polonais, le danois, le tchèque, le flamand, le finnois, le hongrois, le turc, le grec, l'arabe, les dialectes indiens ou cochinchinois, elles ne peuvent que perdre. Elles ne perdront peut-être pas beaucoup; mais enfin elles ne progresseront pas, alors que les langues des peuples colonisateurs s'étendront de plus en plus.

Quoique la politique soit, plus que le reste, soumise à des fluctuations invraisemblables, on peut admettre que les frontières des États européens seront à peu près ce qu'elles sont aujourd'hui.

La question de l'Alsace-Lorraine, cette iniquité scandaleuse, aura été résolue. Comment? nous ne pouvons le prévoir. Est-ce par une guerre? Cela est malheureusement probable. Est-ce par une révolution en Allemagne, avec une république plus soucieuse des droits des peuples qu'un roi de France ou un empereur d'Allemagne? Est-ce par une convention arbitrale? Il serait vain de discuter ces hypothèses. Toujours est-il qu'il est impossible que la situation se prolonge. Vingt-deux années de tyrannie et d'oppression n'ont pas changé les sentiments des Alsaciens et des Lorrains, et il est permis de supposer que, malgré un effroyable despotisme moral, dans un siècle, les sentiments de leurs petits-enfants seront restés les mêmes. On ne transforme pas une langue; on ne change pas les amours d'un peuple. Au bout de cent ans, l'amour des Polonais pour leur patrie a persisté. Pendant combien de siècles les empereurs d'Allemagne ont-ils occupé la Lombardie sans se faire aimer des

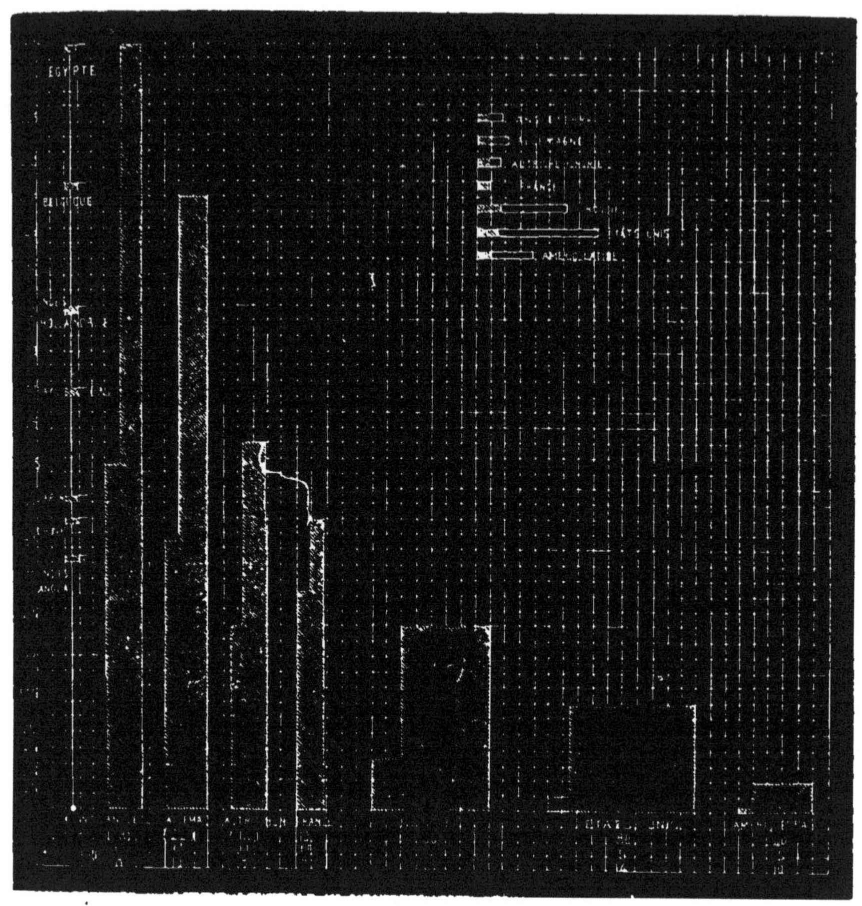

Fig. 2.

Cette figure montre la densité de la population actuelle et de la population future, par kilomètre carré, dans les diverses régions de l'Europe.

La hauteur des colonnes est proportionnelle à la densité, et on a mis à côté l'une de l'autre, pour chaque pays, la densité actuelle (petite colonne) et la densité future probable (grande colonne).

La largeur de ces colonnes est proportionnelle à la population absolue aussi bien pour l'état actuel (petite colonne, colonne de droite) que pour 'état futur (grande colonne, colonne de gauche).

On voit tout de suite que, malgré l'énorme accroissement de sa population, l'Amérique aura une densité bien inférieure à celle de la France. Il en est de même pour la Russie.

A gauche, comme point de repère, on voit la densité actuelle des autres régions du globe: le delta de l'Égypte ayant une densité maximum telle que, si les États-Unis avaient la même densité, il pourrait y vivre quatre milliards d'habitants.

Italiens? et les Grecs n'ont-ils pas secoué le joug des Turcs après plusieurs siècles d'oppression? Tôt ou tard la volonté des peuples finit par triompher, et les politiques à courte vue, qui n'en tiennent pas compte lorsqu'ils partagent des nations comme on vend des lots de moutons au marché, seront forcés de reconnaître cette grande force qui ira en s'affirmant chaque jour. De fait, l'Alsace-Lorraine sera libre. Elle formera peut-être un État indépendant à la manière de la Belgique et de la Suisse; mais enfin, ce qui est essentiel, elle aura sa liberté et elle ne sera plus l'esclave d'un maître.

L'unité de l'Allemagne est faite, et il n'est pas probable qu'elle se désagrège. Au contraire, la marche des idées est fatale, et l'Allemagne unie est une nécessité historique. Mais l'Allemagne unie ne veut pas dire l'Allemagne despote. Actuellement cette unité de l'Allemagne avec les Danois (esclaves) à l'ouest, les Alsaciens (esclaves) à l'est, n'a rien de généreux et de noble; mais, si les notions funestes d'hégémonie militaire qui hantent quelques imaginations germaniques venaient à disparaître, la constitution d'un grand peuple allemand au centre de l'Europe serait un bienfait, et non un fléau.

Quant à l'empire d'Autriche, tout fait craindre qu'il ne résiste pas à la première guerre européenne (heureuse ou malheureuse). La Hongrie est déjà presque indépendante. En 1992, elle le sera complètement; de même peut-être la Pologne autrichienne.

Pour les populations des Balkans et les races variées, à langues multiples, qui vivent sur les bords du Danube, elles forme-

ront sans doute une confédération, qui
pourra être placée sous la tutelle d'un empereur d'Autriche quelconque, ou peut-être
auront la forme républicaine.

Nul changement probable dans les frontières de l'Espagne, de l'Italie, de la Belgique, de la Hollande, de la Suisse, du Da-
nemark, de la Suède.

Entre la Russie et l'Allemagne, il existe
encore sur les côtes de la Baltique quelques
provinces litigieuses. On peut difficilement
prévoir ce qui en adviendra. Comme le fond
de la population est russe, avec quelques
seigneurs allemands à la surface ; comme,
de plus, par le fait de sa population croissante et de ses conquêtes en Asie, la Russie
devient chaque jour beaucoup plus forte
que l'Allemagne, il est probable que les
limites actuelles seront conservées et que
les provinces baltiques resteront russes.

Quant à la Turquie, depuis longtemps elle est malade ; le pronostic n'est pas favorable. Il est bien probable que la Russie finira par prendre possession de Constantinople, et c'est, en fin de compte, la prévision la plus vraisemblable ; mais il se peut que d'autres solutions surviennent, le *statu quo* notamment, qui est de toutes les solutions connues la plus simple, celle que préféreraient la plupart des nations européennes.

A tout prendre, la Russie, dont la force latente est prodigieuse, a tout intérêt à s'étendre vers l'Asie ; on sait quels progrès sa puissance y a faits depuis vingt ans. Chaque jour elle avance. Le Caucase est débordé et l'Asie Mineure est entamée. Le chemin de fer transsibérien sera achevé dans quelque douze ans, et la Sibérie, dont les parties méridionales sont très fertiles, se peuplera comme par miracle. Dans l'Asie centrale, Turkestan, Afghanistan, Hérat, Perse, l'influence russe progresse sans trêve. La Russie et l'Angleterre (la baleine et l'éléphant, selon l'expression pittoresque de M. de Bismarck) se trouveront en présence, ayant à elles deux à faire la digestion de l'Asie presque entière.

A côté de ce grand rêve, qui est la possession du monde asiatique, il est possible que, par instinct, la nation russe s'écarte de la conquête vers l'Est, et qu'elle accepte de ce côté ses frontières actuelles, d'autant plus acceptables qu'aucun Russe n'est soumis à une domination étrangère, et que les Slaves de l'Autriche ou de l'empire allemand ne sont pas de vrais Russes, mais des Polonais ou des Tchèques.

En Asie, nous sommes toujours forcés.

d'avoir à considérer la Chine qui est l'inconnu, le grand trou noir de l'avenir. Si la Chine voulait adopter les progrès innombrables, militaires ou autres, qui constituent la force de notre civilisation occidentale, il n'est pas douteux que la Chine pourrait non seulement résister aux invasions, mais encore envahir. A ce point de vue, on a pu prétendre qu'il y a un péril chinois ; mais ce péril est vraiment un peu chimérique.

L'Asie sera, à la fin du xxᵉ siècle, entre les mains des Russes qui tiendront le nord et le centre, des Anglais qui auront probablement conservé la possession de l'Inde, et, pour une petite part, des Français qui seront maîtres de l'Indo-Chine. Mais les Chinois, s'ils consentaient à adopter nos armements militaires, auraient bien vite fait de chasser les Anglais de l'Inde et les

Français de l'Indo-Chine, de manière à rester les seuls maîtres de l'Asie; non pas seulement comme des conquérants qui passent, mais comme des colons envahisseurs qui restent, introduisant dans le peuples conquis leurs usages, leur commerce et leur langue. Toutefois cette éventualité n'est pas probable. Voici cinq siècles que la Chine est demeurée immobile en face de la civilisation européenne qui progressait si vite; il n'y a donc pas de raison pour admettre qu'elle va se modifier dans le siècle futur.

Cependant, même limitée à ce qu'elle est à présent, c'est-à-dire une nation à demi barbare, la Chine reste une force colossale; avec une puissance d'inertie énorme. On ne peut guère songer à lui imposer autre chose que des traités de commerce superficiels et quelques droits

pour certains ports. L'entrée des produits
européens dans la Chine restera, selon
toute apparence, à peu près fermée comme
elle l'est aujourd'hui, et il se fera aux limites de l'empire chinois une lente infil-
tration de population chinoise dans les
pays voisins.

L'Inde et l'Indo-Chine seront-elles autonomes ou soumises? A ne regarder que la
masse de leur population immense compa-
rée au petit nombre des conquérants, il
paraît probable que les conquérants seront
forcés de les abandonner. Mais il faut tenir compte de la force morale. Pour contenir deux cents millions d'Hindous, il n'y
a même pas, en effectif disponible, cinquante mille hommes de troupes anglaises. Un bataillon français d'infanterie de
marine tiendra tête à vingt mille Annami-
tes. D'autre part, les ressources de la mé-

tropole vont en augmentant, ainsi que la facilité des communications et la complication des armements, si bien que des peuples demi-sauvages sont aujourd'hui comme désarmés vis-à-vis des régiments européens : la différence s'accentuera chaque jour, et rendra la rébellion des indigènes de moins en moins redoutable. Ce qu'on a le droit de supposer et d'espérer, c'est que la langue française en Indo-Chine et la langue anglaise dans l'Inde se répandront de plus en plus, et que les populations indigènes s'initieront dans une certaine mesure à la civilisation plus parfaite que nous représentons.

Les destins de l'Amérique sont faciles à prévoir. Dans l'Amérique du Nord on parlera anglais, dans l'Amérique du Sud on parlera espagnol; le Canada sera probablement émancipé de la domination anglaise, sinon en droit, au moins en fait ; les Canadiens français et anglais formeront une puissante agglomération où les deux langues seront de puissance égale ; mais il est à supposer que cette agglomération canadienne sera absorbée par l'immense masse des États-Unis dont la prospérité et la population comporteront un prodigieux accroissement peut-être sans égal dans l'histoire par sa rapidité et son intensité.

L'Amérique espagnole, plus vaste en étendue que l'Amérique anglaise, sera moins vite peuplée, mais aussi prospère, à la condition toutefois que les mœurs politiques s'y améliorent et que le détestable régime des *pronunciamientos* prenne fin. Il y a déjà, dans quelques-unes des capitales, quelques esprits éclairés qui pensent à une

sorte de fédération, États-Unis du Centre
et États-Unis du Sud, avec le Mexique
pour centre d'une part et le Brésil d'autre
part. Mais, heureusement, les dissensions
politiques et les mauvaises finances n'em-
pêchent pas ces beaux pays de progresser
rapidement. On peut dire que leur avenir
est assuré; car il est vraiment peu intéressant de savoir au juste quelles seront les frontières futures de la Colombie,
de l'Uruguay, du Paraguay et du Véné-
zuela.

L'Australie sera peuplée presque tout
entière; et, d'après la marche progressive
de la colonisation, on peut évaluer à 30 ou
40 millions le nombre des individus qui
cultiveront le sol du grand continent aus-
tralien en 1992.

Reste l'Afrique, dont la destinée est absolument impossible à prévoir.

Au point de vue géographique, nul doute que l'Afrique sera absolument connue, aussi bien que le département de Seine-et-Oise, et qu'il n'y aura plus sur les cartes ces larges espaces blancs, intacts, qu'on voyait encore au temps de notre enfance, et qui maintenant dans tous les atlas sont pourvus de noms bizarres et colorés de diverses couleurs. Mais de la géographie à la colonisation il y a loin.

Au nord, l'Algérie et la Tunisie, sous la domination française, continueront à progresser. Les peuples arabes deviendront-ils Français? Cela est possible, mais bien incertain encore. La religion musulmane s'oppose à une extension facile. Mais, d'autre part, la colonisation par l'immigration européenne, par la naturalisation des juifs et des indigènes, fait des progrès réels, quoique moins rapides qu'on pouvait l'espérer. Notre langue s'implante dans l'Afrique du Nord; et, si l'Algérie est sage, si la métropole ne fait pas en Europe quelque guerre absurde, le Maroc tôt ou tard sera forcé de subir l'influence algérienne, sinon l'influence française. Il y aura alors, sur la rive méditerranéenne de l'Afrique, un grand empire franco-arabe, dont la puissance peut être très importante.

Toutefois, cet empire franco-arabe ne s'étendra pas facilement vers le sud, ou du moins le grand Sahara restera longtemps encore rebelle à toute culture; le chemin de fer transsaharien sera construit; on ira en trois jours de la Méditerranée au Niger; mais l'espace parcouru sera encore, en majeure partie, inhabité.

De même, toute la portion nord-est de l'Afrique, qui est à présent, nominalement au moins, à part quelques petites enclaves insignifiantes, sous la domination française, sera peu colonisée. Sans doute, plus tard, avec l'expansion et le développement de l'humanité, cette portion de l'Afrique finira par être peuplée; mais, à la fin du XXe siècle, cette domination sera encore presque exclusivement militaire, et il n'y aura là, selon nous, rien de comparable à la colonisation par peuplement dont les deux Amériques nous donnent le magnifique exemple.

Il ne faut guère rêver une véritable colonisation par peuplement pour les autres parties de l'Afrique. L'Angleterre, l'Allemagne, la France et le Portugal se sont à peu près partagé le continent africain, en partage assez inégal, où l'Angleterre a pris les meilleurs territoires; mais, en somme, à part le Cap, nulle vraie colonisation. Au Cap, il y a un noyau solide d'hommes vigoureux et énergiques qui, eux aussi, comme les Canadiens et les Australiens, se détacheront de la métropole, pour s'unir peut-être aux Boers (quoique les Boers soient leurs ennemis aujourd'hui), et constitueront au sud de l'Afrique une puissante colonie anglaise autour de laquelle graviteront les autres régions africaines dépendant de l'Angleterre.

Quant à l'Égypte, cette terre fertile entre toutes, elle sera probablement libre. La domination anglaise, assez despotique, qui y est établie aujourd'hui, n'est pas éternelle; et il se trouvera assurément d'ici à cent ans un ministre britannique assez libéral pour abandonner un système aussi funeste aux Anglais eux-mêmes qu'aux Égyptiens et aux autres nations. L'Égypte aux Égyptiens, voilà la solution de la question égyptienne ; elle est si simple qu'elle s'imposera, et ainsi l'Égypte ne portera ombrage à personne.

La constitution politique des peuples européens est sujette à de bien étranges variations. Toutefois, les monarchistes les plus aveugles ne peuvent s'empêcher de reconnaître que le principe monarchique n'est pas en progrès. La dernière monarchie de l'Amérique vient de disparaître, et il est assez absurde de supposer qu'en un point quelconque de l'Amérique des rois reviendront s'emparer du pouvoir. L'Asie, l'Afrique et l'Australie ne seront pas autonomes, et les parties autonomes, s'il y en a, seront probablement républicaines.

Il n'en va pas de même en Europe. En
France, la forme républicaine paraît définitive; et, si nous n'avions pas été, hélas!
le théâtre de tant de bizarres évolutions ou
révolutions, on pourrait regarder comme
à peu près assurée la persistance de la République. En tout cas, c'est la solution la
plus probable. Mais en Italie, en Espagne,
la forme monarchique sera-t-elle conser-
vée? Nous ne le croyons pas. Les idées
démocratiques et égalitaires, peu conci-
liables, quoi qu'on en dise, avec la forme
monarchique, font leur chemin très rapidement; et d'ici à cent ans il y aura, selon
toute apparence, une république italienne
et une république espagnole. Le sort de
l'Allemagne est plus incertain. Toutefois,
cet espace de cent ans est assez long pour
que les idées républicaines deviennent
aussi puissantes en Allemagne qu'elles le

sont aujourd'hui en France ou aux États-Unis, de sorte que l'existence d'une république allemande paraît probable.

De fait, les deux dernières monarchies seront la monarchie anglaise et la monarchie russe. La monarchie anglaise, en effet, peut coexister avec une liberté complète, et elle est compatible, ainsi que l'expérience l'a maintes fois prouvé, avec des progrès sociaux et politiques considérables, se réformant sans cesse, et se réformant toujours dans le sens démocratique; si bien que l'Angleterre d'aujourd'hui, monarchique de nom, n'est absolument pas monarchique en fait. Quant à l'empire russe, on a quelque peine à concevoir cette prodigieuse et trop rapide évolution dans les idées, par laquelle le moujik, ou paysan russe, se considérera comme citoyen d'une république, pesant par son vote dans les destinées du pays. Plus tard assurément il deviendra, lui aussi, citoyen de son pays, et il aura lu la *Déclaration des Droits de l'homme*. Mais, quoique les choses de ce genre progressent parfois avec une rapidité qui dépasse toute prévision, il faudra sans doute un plus grand espace de temps qu'un siècle pour amener ce bouleversement.

Le sultan, qui représente en même temps le pouvoir civil et le pouvoir religieux, sera alors hors de l'Europe, et sa puissance, plus nominale que réelle, sur les Arabes et les Turcs, sera limitée à l'Asie Mineure, la Syrie, la Mésopotamie et l'Arabie, ce qui est encore un assez vaste domaine.

Une question plus importante peut-être que la délimitation précise des frontières, c'est celle des rapports qui uniront les peuples entre eux.

Ces rapports sont aujourd'hui, il faut bien le dire, malgré la banalité de cette affirmation, absolument barbares. Le droit international n'existe pas. Qu'est-ce que la guerre, sinon la négation du droit et le triomphe de la force? Or l'état de guerre, latent ou éclatant, est l'état général des peuples les uns vis-à-vis des autres. En sera-t-il toujours ainsi?

A cette question on peut répondre en pleine assurance : Non. Un moment viendra où les peuples comprendront l'absurdité de la guerre. Il y a quatre siècles, les habitants de Pise et de Lucques étaient séparés par une haine si violente qu'elle semblait éternelle, et le plus infime portefaix de Pise eût considéré comme une infâme trahison d'accepter quoi que ce soit du premier citoyen de Lucques. Que reste-t-il aujourd'hui de cette haine? Que restera-t-il de la haine absurde qu'un Prussien a pour un Français, l'ennemi héréditaire? Soyons bien certains que ces sentiments paraîtront à nos arrière-petits-neveux aussi grotesques que la haine des Athéniens pour les Spartiates, ou des gens de Pise pour les gens de Lucques. Les hommes se diront qu'ils ont mieux à faire que de s'entre-déchirer; que leurs enne-mis communs, c'est la misère, l'ignorance et la maladie; et que leurs efforts doivent se réunir contre ces calamités redoutables, non contre leurs compagnons de misère et d'infortune.

Donc un moment viendra où la guerre sera abolie, où les différends interna-tionaux seront jugés comme des diffé-rends privés. Mais quand sera ce moment?

C'est là que l'incertitude devient extrême.

L'idée de la paix perpétuelle n'est pas une utopie; c'est une certitude. Ce qui est une utopie peut-être, c'est de croire que son avènement est proche.

Deux voies pour arriver à l'abolition de la guerre : la première, celle qui paraît la plus simple, c'est le progrès de l'équité et de la civilisation. Si les hommes comprenaient leurs devoirs, si les gouvernements étaient affamés de justice, au lieu de l'être d'une vaine gloire, alors plus de guerre. Mais c'est peut-être une folie que de compter sur la sagesse des hommes, et l'histoire nous prouve que les progrès moraux dérivent des progrès matériels, de sorte que le mieux est de se fier aux effroyables et admirables progrès qu'a faits et que fera encore l'art de la destruction des hommes.

Aujourd'hui la guerre est devenue si

terrible qu'elle est devenue presque impossible. Il y a deux siècles, on armait quelques volontaires, des mercenaires qu'on recrutait çà et là, et qui, au printemps, partaient pour guerroyer dans un pays lointain, au grand détriment des pauvres gens sur qui les armées de part et d'autre vivaient grassement. Mais à présent c'est autre chose. Le temps des petites armées est passé. Ce sont les nations tout entières qui sont en armes. Et quelles armes! Des fusils à tir rapide, des canons monstrueux, des obus perfectionnés, des poudres sans bruit et sans fumée, si bien qu'une grande bataille — comme il n'y en aura pas, il faut l'espérer — peut entraîner la mort de trois cent mille hommes en quelques heures. On comprend que les nations, quelque inconséquentes qu'elles soient parfois, lorsqu'un vain orgueil les anime, reculent devant cette terrible perspective.

Mais il y a mieux. Des engins nouveaux se préparent, probablement plus destructeurs encore. A force de perfectionner la guerre, on finira par la rendre impossible. Si des machines volantes venaient à être inventées, elles porteraient la dévastation partout, et aucune ville, si loin qu'elle soit des frontières, ne serait à l'abri. On pourrait la brûler en quelques heures[1].

1. Un ingénieux critique, M. Émile Gautier, a soutenu que la perfection de l'armement n'entraînait pas une plus grande mortalité, et il n'a pas tout à fait tort, si l'on compare uniquement le nombre des belligérants et le nombre des victimes. Quand une troupe a perdu en quelques minutes un dixième (quelques-uns disent un cinquième) de son effectif, par le feu de l'ennemi, elle est forcée de se retirer; mais la masse d'hommes qui combattent est devenue si énorme que les pertes, en valeur absolue, deviendront énormes. Et puis, depuis 1871, l'art de la guerre

Enfin — et c'est là un point très important — la plupart des guerres ont été décidées par les rois qui n'avaient que des lauriers à cueillir ; non par les peuples, qui n'avaient que des horions à recevoir, si bien que, la volonté des souverains étant de plus en plus limitée par la volonté nationale, les guerres de folles conquêtes ne seront plus entreprises. En même temps, la conscience publique se réveillant, on peut admettre que les idées pacifiques tendront à devenir plus répandues. S'il n'en était pas ainsi, ce serait à désespérer du progrès. Une opinion publique existe. S'il n'y a plus d'Europe dans les chancelleries, au moins il y a une Europe, dans le sens

a fait de tels progrès que les guerres passées ne sont que des jeux d'enfant, assez inoffensifs, si on les compare aux guerres qui sont réservées aux futurs combattants.

d'une opinion publique internationale universelle, qui se traduit par les journaux,
les livres, les discours, les cours, les con-
férences, les conversations, et qui juge sé-
vèrement et impartialement les faits et les
actes des étrangers. Elle n'a pas de sanction légale, elle n'a pas de force matérielle
à sa disposition, mais elle n'en a pas moins
une très grande force morale.

Il faut bien le dire, hélas! ce n'est pas
— en apparence au moins — cette marche que suivent les idées contemporaines.
Loin de là! Une sorte de fureur patriotique
s'empare de toutes les nations. Jamais le
sentiment de la patrie — envisagé dans
son sens le plus étroit, c'est-à-dire la haine
des autres patries — n'a été poussé aussi
loin. On entend dire communément par
les Italiens que les Français sont des brigands; les Russes traitent les Allemands de

brutes grossières; les Français appellent les Anglais voleurs, et ainsi de suite. La presse quotidienne, aveugle partout, mais qui, en Allemagne et en Italie, joint la vénalité à l'aveuglement, contribue à propager les erreurs les plus ridicules, propres à déchaîner les peuples les uns sur les autres.

Mais heureusement c'est un orage qui passe, et nous sommes convaincus qu'avec les progrès de la démocratie ces haines odieuses prendront fin. Dans les dernières années du xxe siècle, on verra, sinon un âge d'or chimérique qui n'existera jamais, du moins des haines moins fortes et des jalousies moins violentes. Alors peut-être on songera sérieusement à l'institution d'un tribunal arbitral, destiné à juger les différends internationaux.

Nous disions tout à l'heure que le pro-

grès matériel devançait le progrès moral.
Nous avons un éclatant exemple de ce fait
dans l'histoire des chemins de fer. Il n'y a
pas un demi-siècle que les chemins de fer
existent, et cependant quelle révolution a
faite dans le monde cette admirable invention ! Un grand historien me disait un jour :
« Si j'avais à faire une histoire universelle,
je ferais deux chapitres : le monde avant
les chemins de fer ; le monde après les chemins de fer. »

Oui, vraiment, à voir ce qui a été fait
dans le demi-siècle qui précède, on se rend
un peu compte de ce qui va être fait dans
le siècle qui suivra, surtout si l'on réfléchit
que le plus difficile a été accompli. Les
hommes de ma génération ne peuvent
guère concevoir comment on pouvait vivre
et penser sans chemins de fer. Il n'a pas
fallu cinquante ans pour que les chemins

de fer et les télégraphes fissent partie in-
tégrante de nos mœurs, et aujourd'hui ils
sont devenus une des conditions premières de notre existence sociale.

Dire qu'il n'y a plus de distances, c'est
dire une vérité très banale; mais les véri-
tés banales sont souvent bonnes à répéter.
Paris est à sept jours de New-York, à
huit heures de Londres, à vingt-quatre
heures de Berlin et de Vienne, à trois
jours de Saint-Pétersbourg et de Moscou,
à deux jours d'Alger. La France tout entière, de Dunkerque à Bayonne, ou de Brest
à Nice, peut être franchie en vingt-quatre
heures à peu près; et, si l'on songe que,
pour nos grands-pères, un voyage de
quatre jours n'était pas une affaire, on se
persuade qu'il est plus facile aujourd'hui
d'aller de Paris à Moscou qu'en 1830
d'aller de Paris à Nantes.

Mais ce n'est là encore qu'un commencement; d'une part, les chemins de fer ne sont pas arrivés à leur maximum de vitesse; d'autre part, il n'y a pas de chemins de fer partout.

Pour la vitesse, on peut admettre une vitesse future de 100 kilomètres à l'heure, ce qui est loin d'être le cas aujourd'hui. Rien ne sera plus simple que d'avoir pour les trains express cette vitesse régulière de 100 kilomètres à l'heure. Il suffira de faire des voies plus solides et un ballast plus résistant, de diminuer quelques pentes et d'amoindrir quelques courbes. Ce n'est pas dans cent ans que cette vitesse moyenne sera obtenue; mais ce pourra être dans quelques années seulement, pourvu que le public y attache quelque intérêt.

La facilité des voyages n'est pas seulement fonction de la vitesse; elle dépend

aussi de la commodité des voyages, et
surtout du bon marché. Pour la commodité des voyages, de grands progrès
sont faits chaque jour, il y a des *dining
cars*, des *sleeping cars*, etc., etc. Quant
au bon marché, les voyages sont encore fort coûteux, surtout en France;
mais la diminution des tarifs s'impose, et
elle ne tardera pas à avoir lieu. Il semble
même que les chemins de fer, au lieu d'y
perdre, y gagneront; car l'augmentation
du trafic compensera amplement la diminution des prix.

De là cette conséquence que les voyages
— et par conséquent les relations internationales — deviendront chaque jour plus
communs. Déjà, à présent, il se trouve
peu de personnes intelligentes et de situation aisée qui n'aient vu quelque pays
étranger. Combien trouverait-on de méde-

cins, d'avocats, d'hommes de lettres, d'in-
génieurs, qui n'ont jamais franchi la fron-
tière? Que l'on compare l'état d'esprit créé
par cette situation à l'état d'esprit de nos
pères du xviie siècle et même du xviiie siècle. Est-ce que Corneille, Pascal, Racine,
Molière, Bossuet ont vu les pays voisins?
Ils sont restés dans leur pays, et leur horizon ne s'est agrandi que parce qu'ils ont,
à force de génie, suppléé à cette insuffisante connaissance des nations voisines.

Eh bien! de jour en jour cette connaissance de l'étranger fait des progrès. Les
jeunes gens de vingt-cinq ans sont bien
plus voyageurs que les hommes de mon
âge; et pourtant, dans un demi-siècle, ils
paraîtront à leurs descendants de bien
médiocres voyageurs. Il est à peu près
certain que dans un demi-siècle on ira,
sans grand effort, à Samarkand, au Niger,

à Rio-Janeiro et à Batavia; et que le tour du monde, ce tour du monde qu'avaient accompli il y a un siècle deux ou trois navigateurs, qui aujourd'hui n'est pas encore devenu monnaie courante, sera un voyage simple et presque banal.

C'est que, dans un siècle ou, à vrai dire, dans un demi-siècle seulement, la terre sera sillonnée par des voies ferrées qui étendront partout leur réseau. Il y aura un transsibérien qui permettra d'aller en cinq ou six jours de la Baltique au fleuve Amour; un transasiatique qui mènera de Moscou à Bombay; un transsaharien qui ira d'Alger au Niger; un ou deux transafricains, l'un conduisant de Suez au Sénégal et au Maroc, l'autre allant de Tunis au Cap; si bien que l'Afrique pourra être parcourue en deux mois par un touriste. Quant aux chemins de fer américains, il y a déjà

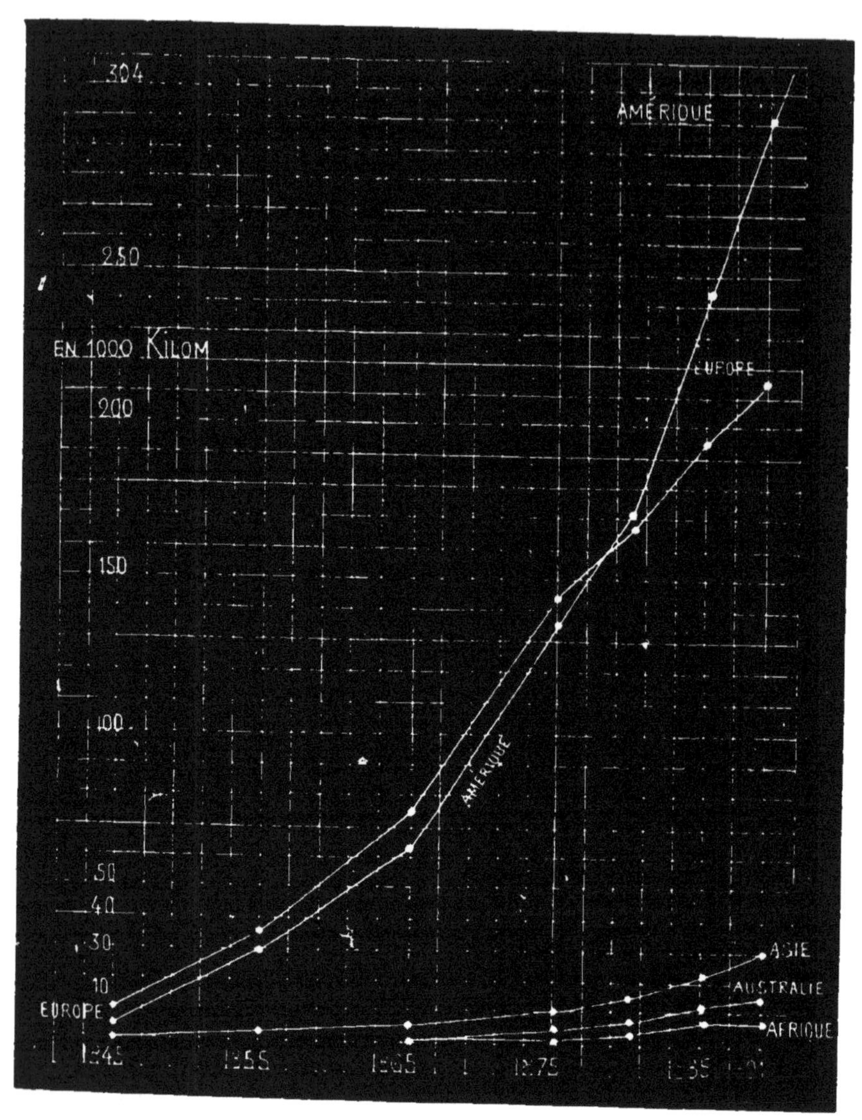

FIG. 3. — Développement en longueur absolue des voies ferrées, de 1845 à 1891.

Sur la colonne de droite on a inscrit des chiffres qui représentent des milliers de kilomètres. On voit que pour l'Europe, ayant dès maintenant un réseau de voies ferrées à peu près suffisant, le mouvement progressif se ralentit, tandis qu'en Amérique le développement des voies ferrées va en s'accélérant toujours.

On peut prévoir que d'ici une trentaine d'années l'Asie, l'Australie et l'Afrique auront le même développement des voies ferrées que l'Europe, et qu'à partir de ce moment elles la dépasseront.

deux voies allant de l'Atlantique au Pacifique. D'ici à une dizaine d'années, l'Amérique du Sud aura aussi ses voies ferrées ; et, depuis les grands lacs des États-Unis jusqu'à Buenos-Ayres, toute l'Amérique sera parcourue dans sa longueur par une voie qui suivra les Cordillères.

Pour les bateaux à vapeur, ils augmenteront aussi de vitesse, quoique probablement dans de moindres proportions. Il y a des raisons techniques, dans le détail desquelles je ne puis entrer, qui font que les bateaux à vapeur ont acquis à peu près leur vitesse maximum. Même en les supposant beaucoup mieux conçus qu'ils ne sont aujourd'hui, il ne paraît pas probable qu'ils dépasseront la vitesse moyenne de 40 à 50 kilomètres à l'heure, ce qui est assurément une fort belle vitesse, soit, en chiffres ronds, la moitié de la vitesse d'un chemin de fer.

Ainsi, tant par le chemin de fer que par le bateau à vapeur, le tour du monde qui, en 1875, était accompli en quatre-vingts jours, par une sorte de prodige, sera facilement exécuté, en 1992, en trente ou quarante jours ; peut-être moins encore.

Quant aux télégraphes, déjà à présent il en existe à peu près partout, et peu de progrès sont à faire. L'établissement de quelques câbles sous-marins de plus ou de moins ne changera rien à l'état actuel. Même si le téléphone se généralise, ce qui est très probable, ce ne sera pas une révolution économique, car il ne fait guère autre chose que le télégraphe, à moins de frais, il faut l'avouer, et avec plus de détail.

Ce n'est pas rêver une chimère que de

considérer les machines aériennes comme
une invention presque déjà réalisée. Le
problème est connu dans ses éléments et
dans la plupart de ses détails. Ce n'est
plus qu'une question d'exécution, et, pour
notre part, nous sommes absolument convaincu que cette grande découverte sera
réalisée bien avant un siècle. Dans combien
de temps exactement, voilà ce que nul ne
saurait dire ; mais il est avéré que ce problème peut être résolu, et on en peut bien
légitimenent conclure qu'il sera résolu.

On n'aurait pas le droit d'établir cette
affirmation, malgré les meilleures démonstrations physiques sur la résistance de l'air,
s'il n'existait déjà dans la nature des
machines volantes de formes diverses, qui
semblent railler l'impuissance mécanique
de l'homme. Les chauves-souris, les oiseaux, les abeilles, les papillons, les han-

netons, sont des démonstrations toutes faites, qui nous donnent la certitude qu'il existera des machines aériennes.

Au point du vue des voyages et des communications internationales, bien hardi serait celui qui pourrait prévoir les conséquences de cette invention. La vitesse sera sans doute un peu plus grande que celle des chemins de fer, mais cette vitesse ne sera pas assez supérieure à celle des locomotives sur rails pour que, même dans les prévisions les plus optimistes, la machine aérienne détrône la machine terrestre[1]. Tout ce qu'on peut affirmer, c'est que la machine volante existera, et cela dans un avenir prochain, et qu'elle aura

---

1. Cependant, en 1840, M. Thiers disait à la Chambre : « Croyez-vous que les chemins de fer pourront jamais remplacer les diligences ? » Tous les députés se mirent à rire, tellement cette supposition leur paraissait absurde.

sur le chemin de fer cette énorme supériorité (à côté de beaucoup d'inconvénients),
qu'elle ira d'un point à un autre sans qu'une
voie tracée d'avance soit nécessaire. On
sait que c'est là, pour ainsi dire, l'infir-
mité organique de la locomotive, à qui il
faut voie ferrée, ballast, rails, travaux
d'art, viaducs, tunnels, aiguillage, etc.

Mais laissons les machines aériennes, et
contentons-nous de dire qu'en 1992 elles
existeront, et contribueront à rendre plus
étroites les relations réciproques des peuples entre eux.

Toute cette organisation des chemins de
fer et des bateaux à vapeur aura pour
petite conséquence la facilité des voyages,
pour grande conséquence l'internationa-
lisme des mœurs, du commerce et des idées.

C'est déjà ce que nous voyons aujour-
d'hui et ce qui s'accentuera rapidement.
Chaque année il y a, bon an mal an, une
vingtaine de congrès internationaux, où les
idées sont échangées, discutées, mises au
jour, où il se crée une sorte d'accord entre
les membres de la même association et de
la même profession, quelle que soit leur na-
tionalité. Une invention faite à Rome est
aussitôt connue et exécutée, à New-York
comme à Moscou. Un progrès scientifique
ne reste plus localisé dans une ville ou
dans un pays; il devient tout de suite le
patrimoine de l'humanité entière. L'humanité forme dès à présent un tout immense
qui a une vie commune, des mœurs communes. Cette tendance à l'uniformité est
peut-être fâcheuse au point de vue du pittoresque, et je compatis aux doléances des
peintres; mais il y a un point de vue qui

vaut celui des artistes, c'est le bien-être
des individus. Ce bien-être va en augmentant très vite; car tout progrès accompli
en un point de l'immense organisme se ré-
percute aussitôt partout et devient général.

Les grandes villes se ressemblent déjà
beaucoup, elles se ressembleront davantage encore; les modes sont les mêmes;
sur les théâtres on joue les mêmes opéras;
la cuisine est uniforme; le système des
tramways, des omnibus, des hôtels, des
postes, des télégraphes, des chemins de
fer, ne varie guère. Bref, on vit de la
même vie à New-York, Londres, Paris,
Rome, Berlin, Vienne, Madrid et Péters-
bourg.

Il est vrai que cette uniformité ne
pourra devenir complète que dans le cas
d'un système économique profondément

modifié; c'est-à-dire avec la liberté de commerce.

Si, au lieu de faire des pronostics sur l'avenir, nous avions ici l'intention de défendre diverses causes, nous pourrions donner quelques-unes des raisons, à notre sens excellentes, qui militent en faveur de la liberté de commerce; mais nous devons seulement examiner s'il est vraisemblable qu'en l'an 2000 le libre-échange sera établi.

Certes, en ce moment, le libre-échange n'est pas en faveur; la démocratie américaine a donné le signal d'une violente réaction contre la liberté commerciale. A part quelques économistes entêtés, quelques démocrates incorrigibles, et quelques citoyens et commerçants anglais, on ne trouverait plus de partisans résolus de l'abolition des douanes. Et cependant dans

un siècle on sera forcé d'y arriver. Peut-
être l'Amérique aura-t-elle une union
douanière contre l'Europe; mais il est certain que le système de la prohibition sera
devenu une légende, et qu'il sera remplacé par la libre et générale introduction.
Est-ce qu'il y a cent cinquante ans, en
France, en Allemagne, en Italie, la même
marchandise ne payait pas dix ou douze
droits douaniers divers qui s'accumulaient
sur le pauvre produit commercial, lequel
devenait de plus en plus coûteux? Pourquoi veut-on que la réforme s'arrête là et
que le blé paye des droits onéreux pour
entrer dans un pays qu'il préserve de la famine? A mesure que les relations internationales deviendront plus étroites, on
comprendra mieux que toutes les prohibitions sont aussi illusoires que vexatoires,
qu'il y a des fraudes si colossales que tout

ce qu'on veut faire passer en contrebande passe sans grandes difficultés, et que tout impôt douanier est une prime donnée au commerce déloyal qui pénètre en dépit des mesures prohibitives les plus sévères.

D'ici à cent ans, quand les routes, les canaux, les chemins de fer se seront multipliés, quand il y aura des machines aériennes surtout, alors les droits de douane seront virtuellement abolis. Ceux qui resteront paraîtront alors si insuffisants (quoique onéreux) et ridicules, qu'on se hâtera de les faire disparaître.

En effet, qu'on le veuille ou non, qu'on le regrette au point de vue du pittoresque, qu'on le déplore au point de vue d'un étroit patriotisme, la tendance des peuples est de s'unir le plus possible par les relations commerciales. Est-il rien de plus simple que de profiter des avantages que donne la facilité des communications ? Se priver d'un objet parce qu'il n'est pas de fabrication ou de production nationale, cela est mille fois absurde ; et, en dépit de tous les règlements, ces objets arriveront fatalement jusqu'au consommateur qui désire les posséder.

A moins qu'on ne mette une muraille de Chine entre les nations, on n'arrivera pas à les isoler commercialement. Après une période plus ou moins longue, et dont la durée est impossible à prévoir — mettons trente ans, puisque le régime de la liberté commerciale a duré à peu près ce temps — il y aura en Europe abolition des douanes et liberté des échanges. Cela marchera de pair avec tous les autres progrès accomplis dans les communications internationales, et toutes les proscriptions douanières seront impuissantes à arrêter ce progrès nécessaire.

D'ailleurs, pour accélérer encore cette union commerciale des peuples, d'autres éléments, d'ordre accessoire, mais néanmoins importants encore, interviendront certainement : les unités monétaire et métrique.

Actuellement le système métrique est accepté par la presque totalité des nations européennes. Il règne en Espagne, en Italie. en Allemagne, en Autriche, et dans toute l'Amérique espagnole. Il tend à être adopté aux États-Unis, et, à vrai dire, il n'y a que l'Angleterre qui résiste (on ne sait trop pourquoi). Mais c'est une question de temps ; car il se trouve, en Angleterre même, quantité d'hommes intelligents et instruits qui cherchent à combattre les préjugés populaires et à répandre l'usage du système métrique. En France même, on a conservé niaisement (par exemple dans la marine) l'usage d'une unité de longueur, le mille marin ou nœud, différente du kilomètre. Comment s'étonner alors qu'en Angleterre on s'en tienne encore aux pied, pouce, gallon, livre, etc.? L'uniformisation des mesures de longueur, de capacité et de poids s'impose, et d'ici à un demi-siècle tout au plus elle sera absolument réalisée[1].

Ce sont les savants qui donnent l'exemple, et ils ont prouvé récemment leur puissance au moment du Congrès d'électricité de Paris, en 1881. On a vu là qu'une mesure uniforme peut être définitivement adoptée. C'est en 1881 seulement qu'on a sinon créé, au moins décidé l'application immédiate et universelle du système dit C. G. S., des *volts*, *ampères*, *farads*,

---

1. Il paraît qu'à l'Exposition prochaine de Chicago, dans une conférence spéciale, on discutera la question de l'uniformisation des monnaies.

ohms, *coulombs*, etc., système correspon-
dant au système métrique, et qui a maintenant force de loi, de telle sorte qu'une
mesure électrique quelconque, pour avoir
une expression intelligible et scientifique,
doit être exprimée de cette manière. Pour
accomplir cette réforme, il a suffi d'une
décision du Congrès. Quelques jours après,
elle était devenue officielle dans la science,
et elle est maintenant entrée dans la pratique.

Ainsi on arrivera à adopter le thermomètre centigrade, le kilogramme, le litre,
le mètre, comme mesures uniques, et toutes
les transactions commerciales seront par
cela même extrêmement simplifiées.

C'est là le rudiment de cette langue internationale qui deviendra de plus en plus
puissante. Déjà les astronomes, les géologues, les géographes, les chimistes, les

mathématiciens, ont adopté des mesures communes qui sont au-dessus de toute discussion, constituant une langue que tout savant doit parler et comprendre. Le commerce sera forcé d'entrer dans cette voie, et en 1992 il n'y aura pas d'autre système de mesure que le système métrique.

S'il fallait — ce qui semble baroque — offrir aux Anglais une compensation quelconque, nous pourrions, en échange de cette adoption du système métrique, adopter le méridien de Greenwich — qui est le méridien du Havre — comme base de notre système cartographique. C'est ce qui se fera assurément d'ici à peu de temps, malgré le mauvais vouloir de certains de nos concitoyens, qui considèrent comme une défection l'acquiescement à un méridien étranger et l'adoption d'un méridien autre que le méridien de Paris. Mais leur opinion nous paraît peu défendable. Presque tous les peuples ont adopté Greenwich. Pourquoi ne pas faire comme eux? Pourquoi imiter l'exemple absurde de l'Angleterre qui boude le système métrique? Le préjugé que nous trouvons mauvais chez les Anglais et les Russes, pouvons-nous le trouver excellent chez nous?

L'unité monétaire est plus importante encore que l'unité métrique : il est vrai qu'elle est plus difficile à adopter. Si les hommes étaient sages et comprenaient leur véritable intérêt, on pourrait prévoir qu'en 1992 il y aura une monnaie unique, avec des frappes différentes (cela importe assez peu), mais avec une valeur égale. Hélas! les hommes ne sont pas des sages, et leur in-

térêt est souvent sacrifié à leur amour-
propre.

Ce qui a jusqu'ici empêché cette unité
monétaire de s'établir, c'est 'd'abord la
fausse gloriole dite nationale, qui fait
considérer comme antipatriotique l'adoption d'une monnaie étrangère. N'a-t-on
pas vu l'Allemagne, quand elle a construit
un nouveau système de monnaies, ne pas
vouloir prendre le franc pour unité, et cela
par cette seule raison que le franc était
d'origine française?

Si puissante que soit cette mauvaise raison, il y a encore à l'institution d'une monnaie internationale unique un obstacle plus
sérieux, c'est la valeur différente de l'or et
de l'argent. Il est des pays à double étalon
(comme la France) et des pays où l'or est
étalon unique. Alors l'argent peut monter
ou baisser de valeur par rapport à l'or. Il

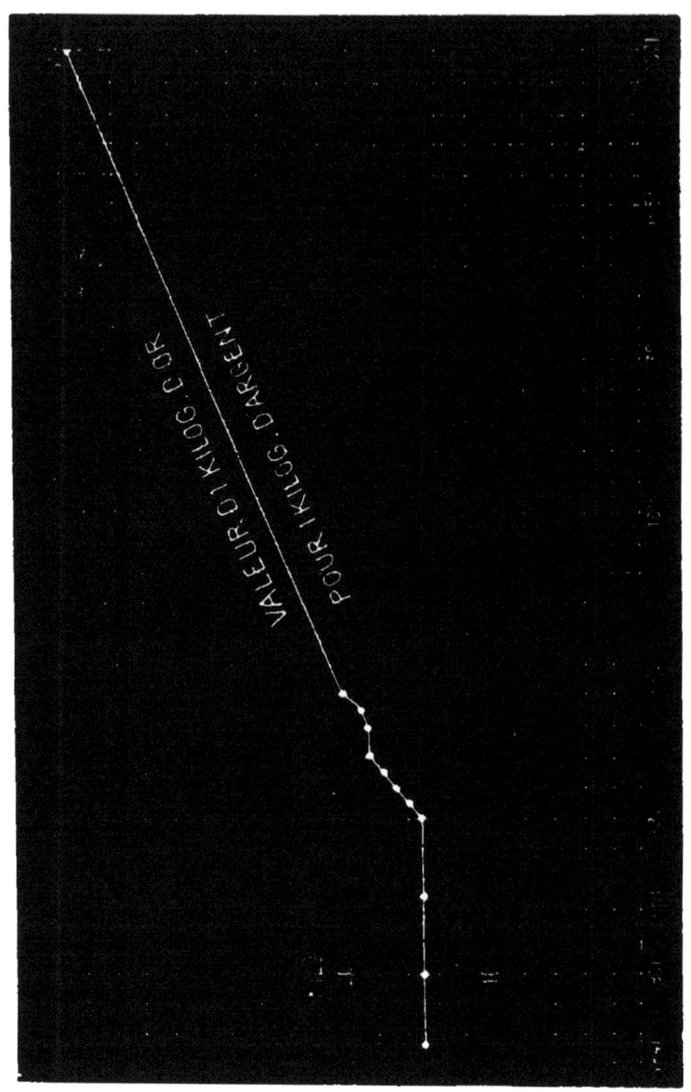

FIG. 4.

Figure qui montre les changements de la valeur respective de
l'or et de l'argent. On voit qu'à partir de 1871 la valeur de l'or,
par rapport à l'argent, a rapidement diminué.

Sur la colonne latérale, à gauche, on a marqué des chiffres
qui représentent, en kilogrammes, le poids d'argent qui équivaut
à un kilogramme d'or.

La ligne a été prolongée suivant la projection de 1871 à 1891
pour montrer qu'en 1971 l'argent ne vaudra probablement que la
moitié de sa valeur actuelle.

est probable qu'il continuera à baisser de
plus en plus, en sorte que quatre pièces de
5 francs en argent, qui valent actuellement
(en théorie au moins) une pièce d'or de
20 francs, ne vaudront plus en fait que
10 francs d'or en 1992. Il y a là une sorte
d'anomalie économique qui entraîne à
d'assez graves conséquences, et qu'on
aurait déjà certainement fait cesser si la
démonétisation brusque d'une grande
quantité d'argent n'était pas si onéreuse.
Toutefois on peut prévoir que la différence
entre l'or et l'argent ira en croissant; car
les mines d'or s'épuisent, tandis qu'on découvre chaque jour de nouvelles mines
d'argent, très riches et d'exploitation facile. Alors on sera naturellement conduit à
ne plus regarder l'argent que comme une
monnaie fiduciaire. A présent il en est déjà
presque ainsi. Si l'argent n'est plus que

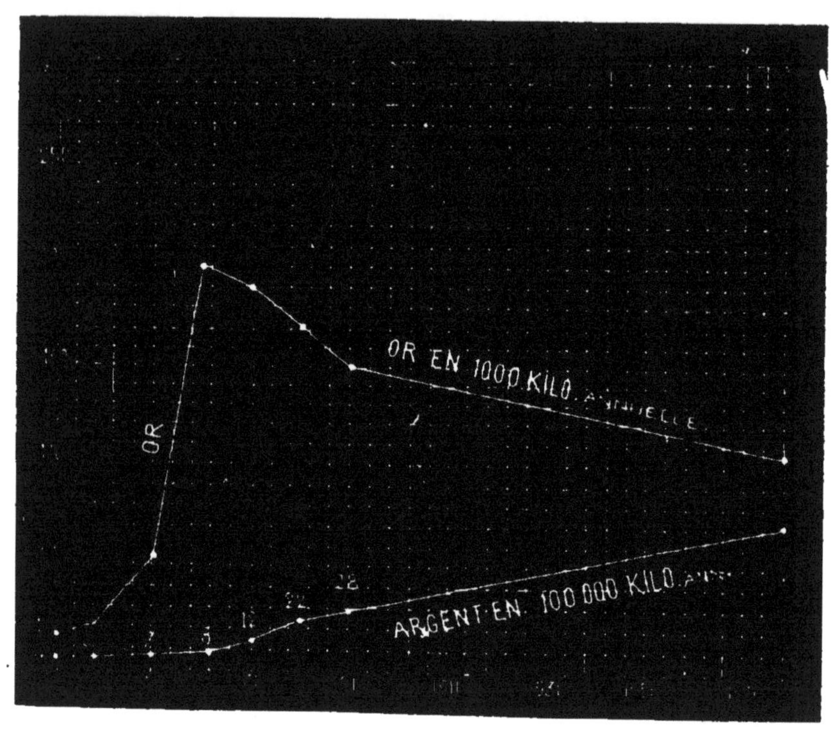

Fig. 5. — Extraction de l'or et de l'argent.

L'extraction de l'or va en diminuant depuis trente ans, tandis que l'extraction de l'argent va toujours en augmentant. Il est probable que ce mouvement continuera jusqu'à la fin du siècle futur : alors on extraira cent fois moins d'or (en poids) que d'argent.

fiduciaire, par rapport à l'or, il ne tardera pas à être discrédité, et ne subsistera à l'état de monnaie que pour la plus grande facilité des échanges; ce sera comme un billet de banque qu'on pourra refuser ou accepter à la volonté des parties.

On peut donc admettre que l'unité monétaire ne portera que sur l'or. Mais ce n'en aura pas moins d'heureuses conséquences au point de vue commercial. Les opérations de change sont peut-être profitables aux banquiers, elles sont très lourdes pour les particuliers.

Toutes ces unifications de mesures, de termes scientifiques et commerciaux, et de monnaie ne sont en réalité que les différentes faces d'un même avenir. Cet avenir, c'est l'unité des nations. Or cette unité existe déjà, ne fût-ce que par l'organisation des trains de chemins de fer, de la poste et des télégraphes, ne fût-ce que par cet admirable système de numération arabe qui est le seul employé. Peut-on se figurer le trouble prodigieux qui surviendrait dans toutes les relations internationales, si le système décimal n'était pas généralisé ? Pense-t-on aux difficultés de toute sorte qui surviendraient si l'Angleterre, je suppose, adoptait le système duodécimal, l'Allemagne le système pentésimal, etc. ? Ce serait un véritable casse-tête que de comprendre ces divers modes de numération [1] .En tout cas, il est bien heu-

1. Nous avons déjà le système duodécimal pour les mesures horaires : un jour de vingt-quatre heures, une heure de soixante minutes, et une minute de soixante secondes; il serait facile de le modifier en divisant le jour en dix heures de cent minutes, et la minute en cent secondes; il est probable que cette réforme dans le sens unitaire, réforme qui soulève

reux qu'on ait partout adopté la numération décimale ; car, s'il en avait été autrement, nul peuple peut-être ne voudrait
abandonner ses anciens usages pour se
conformer aux usages des peuples voisins.

Tant un faux amour-propre aveugle les
nations, plus aveugles encore que les hommes ! Et pourtant chacun sait qu'en fait
d'amour-propre, chaque individu possède
des trésors inappréciables et insondables,
d'une richesse dont on ne soupçonne jamais le fond.

La science ici se confond avec le commerce et l'industrie. Grâce au télégraphe
et à la savante organisation des bureaux

d'ailleurs d'assez graves difficultés techniques, ne
sera pas encore terminée en 1992 ; mais on l'aura
étudiée, et sans doute non sans quelque profit.

météorologiques, nous connaissons les orages, les tempêtes, les cyclones, au moment même où ils se forment, et nous pouvons savoir par avance quelle dépression barométrique va survenir sur telle ou telle côte. Cette prévision des temps sera à l'avenir de mieux en mieux organisée. Les systèmes des phares, des signaux de marine, des communications nautiques de port à port, prendront tous les perfectionnements nécessaires. Bref, on s'entr'aidera de tous côtés contre les éléments hostiles ; or on ne pourra s'aider efficacement que si la langue scientifique, internationale, acquiert une certaine unité.

Le monde tend à l'unité. Que l'on compare les divisions d'il y a un siècle à l'organisation internationale d'aujourd'hui, et on verra les progrès accomplis. Cette immense révolution ne sera pas achevée en

1992; mais elle aura fait de tels progrès que les hommes d'alors pourront prévoir le moment où elle sera à peu près terminée. L'unification des nations est un avenir lointain que peu d'hommes aujourd'hui se donnent la peine de regarder en face, et d'espérer. Mais bientôt ce sera la préoccupation générale et le noble but que se proposera l'humanité !

Il est possible d'ailleurs que notre pronostic soit erroné ; *mais l'erreur ne porte pas sur le fait lui-même ; elle ne porte que sur la date de sa réalisation.* Mettons l'an 2100 à la place de 2000, et regardons comme certain qu'en 2100 ou 2200, sinon en 2000, l'unité des peuples civilisés sera un fait accompli.

On peut se demander si cette unité, presque fatale et vers laquelle nous mar chons à grands pas, est un bien ou un mal.

Pour notre part, nous croyons fermement que c'est un bien.

L'union, c'est la force; les individualités humaines, dans la lutte contre les éléments et les choses, seraient impuissantes si elles ne 's'entr'aidaient. L'association est le meilleur moyen dont l'homme dispose pour s'asservir la nature. Un individu isolé ne peut rien et n'est rien. Pour percer le canal de Suez, par exemple, est-ce qu'il n'a pas fallu l'énergie de plusieurs milliers de travailleurs et l'argent de plus de cent mille capitalistes?

Qu'est-ce que la science, sinon la synthèse et la concentration d'efforts innombrables disséminés dans l'univers entier, et se perpétuant depuis plusieurs siècles, pour aboutir à un effet commun, qui est la pénétration de l'inconnu, l'exploitation de nouvelles forces et la conquête de la nature brute? Quelque grand que soit le génie d'un homme, il ne pourrait absolument rien s'il n'était aidé par ses devanciers et par ses contemporains. Cela fait une chaîne sans fin, et nous devons autant à nos prédécesseurs que nos successeurs nous devront.

Que de sang, que de larmes auraient été épargnés si les hommes, au lieu de se combattre, avaient cherché à s'aider et à combiner leurs efforts contre l'ennemi commun! S'il y a tant de misères et de malheurs, c'est la faute de l'homme même, et non du destin. Il ne combattra efficacement la misère, l'ignorance, la maladie, la douleur, le crime, que s'il s'unit et s'unifie pour les combattre.

III

LES SOCIÉTÉS

Nous avons essayé de résumer le sort futur probable des nations, et nous avons conclu que les deux faits prépondérants du xxe siècle seraient, d'une part, l'énorme puissance de la Russie et des États-Unis, et, d'autre part, le développement des relations et des communications internationales[1].

[1]. Je dois répondre ici en quelques mots aux diverses observations, très bienveillantes, qui m'ont été faites à propos de ces prévisions diverses.

Quelques personnes ont trouvé que je donnais pour

Il s'agit maintenant d'étudier le sort réservé aux sociétés futures qui composeront

le croît de la population terrestre des chiffres trop
forts. Cependant mon estimation est bien au-dessous
de ce que donnerait le croît normal, calculé d'après
les chiffres du passé.

Tout récemment, M. Ravenstein (cité dans *l'Anthropologie*, t. II, n° 6, p. 753, 1891) arrive à une population probable de 6 milliards en l'an 2072; ce qui
mène bien au delà du chiffre, regardé par moi comme
probable, de 2 milliards et demi en 1992.

Mais ce qu'on m'a surtout objecté, c'est que toute
prévision de l'avenir était impossible, et on a in-
sisté sur le caractère hypothétique de ces prévisions.
Toutefois, en lisant avec soin les premières pages
de mon livre, on aurait pu constater que je m'en
rendais parfaitement compte, et qu'il ne s'agissait
que d'une probabilité. Or quel est l'avenir le plus
probable? Voilà ce que nous pouvons nous demander; et peut-être est-il permis de répondre à cette
question.

L'avenir le plus probable, en effet, c'est la conti-
nuation de l'état actuel; non pas de l'état actuel *sta-
tique*, mais de l'état actuel *dynamique*. Étant donné
un mobile qui se déplace suivant une certaine courbe,

les nations civilisées : car nous devons toujours mettre à part la Chine et l'Inde.

on peut, d'après la connaissance des éléments de sa courbe, prévoir quelle sera, à tel ou tel moment, sa position dans l'espace. Certes, les événements humains n'ont pas la régularité d'un corps qui se déplace, mù par une force constante, mais ils approchent évidemment de cette régularité ; et la courbe graphique des phénomènes humains du passé indique quelque chose sur les phénomènes humains de l'avenir. C'est cette probabilité maximum que j'ai cherché à mettre en lumière.

On a dit : *Le passé est gros de l'avenir*. Cela n'est pas contestable. Si notre connaissance du passé était plus complète, nous pourrions bien mieux prévoir l'avenir. Les statistiques anciennes ne servent qu'à cela ; mais on ne peut leur refuser cet avantage. A supposer qu'elles soient d'une perfection infinie, elles fourniraient la notion exacte de tout l'avenir.

Quant aux critiques de détail, j'en relèverai une relative au mot de *niaisement* que j'ai appliqué à la détermination des mesures marines, en milles marins, qui ne concordent pas avec le système décimal. On m'a fait remarquer que le mille marin coïncide avec la division en degrés et la prise du *point*. Mais

Si puissantes qu'elles soient par le nombre d'hommes dont elles se composent, elles n'exercent et n'exerceront sans doute aucune action sur la marche de la civilisation.

Qu'il s'agisse de l'Europe, ou de l'Amérique, ou de l'Australie, ou de l'Afrique colonisée, les conditions seront probablement à peu près les mêmes. Les progrès de l'une vont retentir fatalement, avec une rapidité croissante, sur les progrès de

je ne vois pas pourquoi il n'y aurait pas une table de correction qui permettrait de traduire immédiatement le *point* en mesures kilométriques; et d'ailleurs l'appréciation de la vitesse des navires, la distance d'un point terrestre à un autre, etc., sont des mesures qui n'ont pas de rapport avec le *point*, et qui pourraient être faites dans le système décimal.

Ainsi, sans doute, d'ici peu, le mille marin aura fait son temps, pour rejoindre la toise, le pouce, la livre tournois et les autres vieilles mensurations surannées qui n'ont plus qu'un intérêt historique.

l'autre. Toutefois, il faudra faire exception pour la Russie, qui est, dès à présent, si différente des autres nationalités par la culture générale, qu'on ne peut guère prévoir quels seront ses progrès d'ici à un siècle. Je pencherais à croire que la Russie sera, en 1992, très semblable à ce que nous sommes aujourd'hui. Certes les différences dues au génie national persisteront ; mais au fond l'état social des Russes sera le même que le nôtre d'aujourd'hui. De même que deux coureurs, suivant le même chemin, quoique à une certaine distance l'un de l'autre, passent par les mêmes lieux et découvrent, à des moments divers, les mêmes paysages, de même le peuple russe traversera les mêmes phases qu'ont traversées les peuples de l'Europe occidentale.

La question est donc de savoir quel

sera l'état social des peuples européens et américains, — États-Unis, Allemagne, France, Italie, Amérique espagnole, Espagne, Grande-Bretagne, etc.

Eh bien, la réponse à cette question paraît à peu près certaine : ce seront des sociétés *démocratiques*.

La marche conquérante de la démocratie est évidente ; et, malgré l'aristocratie anglaise qui conserve ses privilèges, malgré la constitution militaire et impériale de l'Allemagne et de l'Autriche, l'Allemagne et l'Angleterre seront complètement démocratisées, c'est-à-dire que le véritable souverain sera le peuple, et que les monarques, s'il en existe encore, n'auront plus qu'un pouvoir nominal.

Il est vrai que le mot démocratie, sans autre qualification, ne veut pas dire grand'-

chose. Une démocratie peut prendre différentes formes : mais, autant qu'on peut en juger par ce qui se passe depuis une centaine d'années, les sociétés nouvelles semblent s'orienter du côté de la démocratie parlementaire.

Après tout, malgré des inconvénients réels, la forme parlementaire est peut-être celle qui garantit le mieux les droits de chacun. Une démocratie parlementaire penchant vers une sorte de socialisme, voilà ce que verront sans doute nos arrière-petits-enfants.

Il est possible que cette évolution vers un socialisme démocratique à base parlementaire ne s'accomplisse pas partout sans révolution. Les classes dites dirigeantes n'admettront pas sans résistance qu'on leur enlève le pouvoir directeur : elles n'accepteront pas toujours avec résignation l'effacement auquel le peuple les condamnera. Mais les révolutions, comme l'histoire nous l'indique, ne modifient guère la marche des phénomènes sociaux. C'est un *à-coup* brusque, qui est suivi, en général, d'une réaction plus ou moins violente; mais, au bout de vingt ou trente années, le résultat est le même que si, en fin de compte, cette révolution n'avait pas eu lieu.

Si la Révolution française, avec ses cinq terribles années de bouleversement, 1789-1794, n'avait pas eu lieu, il est probable que la monarchie de 1825 n'aurait pas été bien différente de ce qu'elle fut en réalité. Les événements de 1848 ont eu un lendemain qui, après la grande secousse, a remis les choses à peu près en l'état antérieur; le progrès lent et latent est devenu sensible et a monté à la surface.

De même, si à l'avenir survient une révolution sociale, assez peu probable d'ailleurs, au bout de quelques années, ce qui était prématuré sera détruit ; ce qui était naturel et nécessaire restera.

On peut donc supposer que les aspirations de la démocratie vers le socialisme procéderont lentement, par poussées successives, formidables et irrésistibles, et que le programme, tel qu'il a été à maintes reprises nettement formulé par les socialistes doctrinaires, les seuls dont l'opinion ait quelque valeur, se réalisera en partie, et cela sans révolution sanglante.

Voyons les hypothèses qu'on peut considérer comme probables.

D'abord pour l'instruction, ce sera une diffusion complète. Chaque citoyen saura

lire et écrire; et comme savoir lire impli-
que l'usage de la lecture, chaque citoyen
lira un journal. Que cela soit un bien ou
un mal, peu nous importe. Nous ne faisons
que supposer le cas le plus probable : la
diffusion absolue du journal. Grâce aux
progrès de l'industrie du papier et de l'imprimerie, le prix des journaux est devenu
de plus en plus modique. Alors que tous
les autres objets, presque sans exception,
devenaient plus coûteux, le journal a diminué de prix. Les progrès de la poste et
des télégraphes feront qu'immédiatement
chaque citoyen sera au courant de ce qui
se passera dans le monde entier. Autrefois
une nouvelle, si grave qu'elle fût, ne pé-
nétrait dans les campagnes reculées qu'au
bout de plusieurs mois, et personne n'y
prenait quelque intérêt. Cela a bien changé
depuis lors, et cela changera encore plus :

un paysan de Cadix s'intéressera à un at-
tentat contre le tsar, et il le connaîtra
douze heures après l'accident; un négo-
ciant de Rio-Janeiro saura au bout de quelques heures le succès ou l'échec d'un
opéra qu'on viendra de jouer à Vienne ou
à Paris.

La presse quotidienne, à bon marché,
se répandant de plus en plus, deviendra
le principal instrument d'éducation et de
civilisation. On s'aperçoit déjà un peu de
cette tendance, en voyant la part considérable qui est faite, dans les petits journaux,
non aux discussions politiques, mais aux
découvertes scientifiques, aux notions générales et banales d'hygiène et de morale.
Les journaux les plus lus sont ceux qui ne
font pas de politique. Un peu de littérature, de science et d'histoire, avec les dé-
pêches sur les faits du jour, voilà la ten-

dance de la presse quotidienne à bon marché. Le rôle du livre s'efface ; le jour-nal, qui rend compte du livre, le remplace ; et tout le monde lira le journal.

Il s'ensuit que chacun aura son opinion sur les choses et les hommes. Le vote ne sera plus un vote aveugle, ou du moins il ne paraîtra plus aveugle ; au fond, cela ne le rendra peut-être pas beaucoup meilleur, mais il signifiera quelque chose ; il consacrera le droit d'une volonté librement exercée, aussi librement que peuvent s'exercer les déterminations de l'homme.

Un vote, un journal, l'instruction primaire obligatoire et universelle, voilà, à n'en pas douter, quelles seront les conditions politiques des sociétés européennes du xxe siècle. Mais il y a quelque chose de plus important que l'instruction, c'est

la condition sociale, financière, des citoyens.

Depuis un siècle, il y a eu évidemment
un pas énorme fait vers l'égalité des for-
tunes et des conditions. Mais ce n'est rien
à côté de ce qui se fera dans le siècle qui
va suivre. Dès à présent, par une vague et
admirable intuition, tous les citoyens, les
riches et les pauvres, comprennent la nécessité d'une meilleure organisation sociale [1].

1. Voici les chiffres qui se rapportent à l'extraction
de l'or et de l'argent. Nous allons prendre leur valeur
en francs, sans nous occuper des proportions rela-
tives d'or et d'argent.

La totalité de l'or et de l'argent représentait en
millions de francs les sommes suivantes :

1831.	27 200 millions de francs.
1851	39 500 —
1875	74 000 —
1891	95 000 —

·L'élément fondamental du progrès social, c'est une répartition plus équitable

Donc, en soixante ans, l'accroissement a été de plus
du double, dans le rapport de 1 à 3,5.

Mais, si l'on tient compte seulement des dix dernières années, on voit que la production absolue n'a
guère augmenté, nous avons en effet les chiffres suivants comme production annuelle :

1876	1 033 millions de francs.
1877	1 109 —
1878	1 141 —
1879	1 072 —
1880	1 060 —
1881	1 053 —
1882	1 046 —
1883	1 046 —
1884	1 062 —
1885	1 110 —
1886	1 105 —
1887	1 115 —
1888	1 160 —
1889	1 265 —
MOYENNE ANNUELLE.	1 100 millions de francs.

Cela fait donc en chiffres ronds 1 milliard 100 milde la richesse, comme prétend le faire l'impôt sur le revenu. Les économistes s'efforcent vainement de s'y soustraire : ils seront acculés à la nécessité. Il faudra finalement établir un impôt sur le revenu, impôt pro-

lions de francs par an ; ce qui signifie que les hommes auront finalement extrait des entrailles de la terre 200 milliards de numéraire (or et argent) en 1992 ; à supposer que l'extraction soit stationnaire de 1892 à 1992.

Si l'extraction suit la même progression totale que depuis 1831, ce n'est plus 200 milliards què nous aurons, mais 600 milliards ; nous pouvons adopter une moyenne arithmétique et supposer que l'humanité disposera de 400 milliards en 1992.

Il s'ensuit que la richesse moyenne des individus, qui était en 1851 de 33 francs, en 1875 de 56 francs, en 1891 de 70 francs, sera en 1992 de 84 francs si l'extraction reste stationnaire ; de 280 francs si l'extraction augmente autant qu'elle a augmenté de 1851 à 1891 ; et de 166, si nous prenons la moyenne de ces deux termes.

En somme, si nous prenons les chiffres ronds moyens, nous avons à peu près les chiffres suivants,

gressif et proportionnel, en rapport, d'une part, avec le nombre des enfants, d'autre part, avec la quotité de la fortune. Il faut

indiquant la richesse moyenne des individus en numéraire (or et argent) :

	Nombre d'habitants (en millions).	Total du numéraire (en millions de francs).	Quantité de numéraire par habitant (en francs).
1831. . . .	1 150	27 200	24
1851. . . .	1 200	39 500	33
1875. . . .	1 280	74 000	56
1891. . . .	1 350	95 000	70
1991. . . .	2 400	400 000	170

Il est clair que ces chiffres sont assez arbitraires ; en effet, d'une part, nous ne pouvons prévoir quelles seront les destinées des filons d'or et d'argent qu'on exploite. Un procédé technique plus perfectionné peut augmenter subitement, et dans des proportions inouïes, l'extraction de l'or et de l'argent ; d'autre part, nous ne tenons pas compte de l'usure des métaux précieux, usure qui n'est pas négligeable, puisqu'on l'évalue à 12 millions par an. Enfin certains filons peuvent s'épuiser, de sorte que l'extraction peut diminuer dans une proportion assez notable.

Malgré cela, il est probable que la valeur de l'or et

savoir que les individus qui ne sont ni rentiers, ni propriétaires, représentent à peu près la moitié de la population en

de l'argent ira en diminuant, et en diminuant très vite. Comme les produits de la terre, pour l'alimentation, auront la même valeur intrinsèque, puisqu'ils constituent la base même de l'existence des individus, on peut supposer que l'élément variable, c'est la quantité de numéraire possédé par chaque habitant moyen. S'il en est ainsi, en prenant les chiffres donnés plus haut, 10 kilogrammes de blé, je suppose, qui valaient, en 1831, 2 fr. 40, en 1851 valaient 3 fr. 30 ; en 1875, 5 fr. 50 ; 7 francs en 1891, et vaudront 179 francs en 1991.

Cela serait absolument vrai si la culture du blé n'avait pas augmenté aussi vite au moins que l'extraction d'or et d'argent. De là une sorte de compensation qui s'est établie pour le blé, et qui n'a pas eu lieu au même degré pour l'ensemble des choses qui assurent les conditions normales de l'existence. Aussi peut-on dire que les prix de chaque objet ont subi, de 1831 à 1891, une élévation (en numéraire) qui se rapproche assez du rapport de 24 à 70, c'est-à-dire de 1 à 3,6 ; le rapport le plus probable de 1891 à 1991 devant être de 1 à 24.

7.

France, et que, dans d'autres pays, la proportion est plus considérable encore ; de sorte qu'en fin de compte, sur trois individus, il y en a deux qui ne possèdent rien. L'inégalité est trop grave pour qu'elle ne soit pas atténuée par l'impôt.

Il est évident d'ailleurs que cette réforme ne doit pas être considérée comme un complet bouleversement social. Si nous supposons les démocraties sages, elles ne procéderont pas à cette réforme brusquement, mais par une série d'améliorations successives. Ce ne sera pas la suppression totale et immédiate de tout héritage. Il faudra évidemment commencer par le prélèvement d'un droit très fort, et qui, graduellement, peu à peu, deviendra de plus en plus fort, avec des pénalités rigoureuses pour ceux qui voudraient se soustraire à l'impôt. Certes le mode de perception de

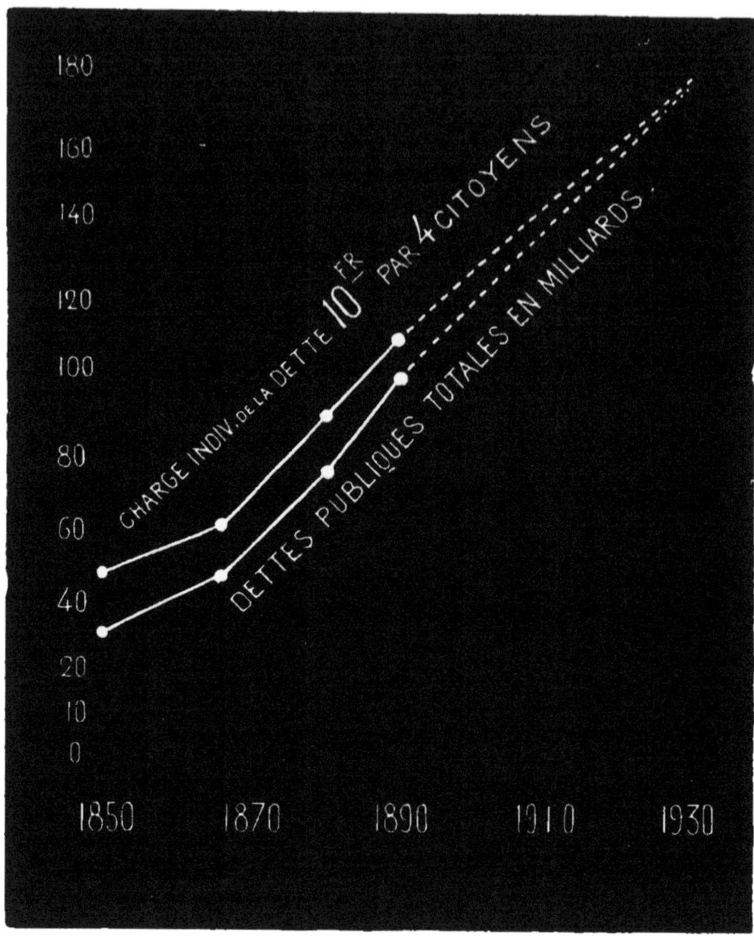

Fig. 6.

Cette figure montre l'augmentation de la dette publique des principaux états européens.

Les chiffres de la colonne de droite sont des unités qui représentent des milliards pour le chiffre absolu de la dette publique totale, et les *dix francs* pour la charge individuelle qui pèse sur chaque famille européenne (quatre citoyens).

Voici ces chiffres :

1850	30 milliards.
1866	47 —
1880	74 —
1890	100 —

Ce qui fait, pour chaque groupe de quatre citoyens, les sommes suivantes :

1850	470 francs.
1866	620 —
1880	900 —
1890	1 100 —

cet impôt peut varier à l'infini; et, pour
en préciser les détails, toute supposition
serait prématurée, mais il n'en est pas
moins probable qu'il sera la base des futurs impôts nécessaires à l'État.

C'est que l'État prendra un pouvoir de
plus en plus grand. Même en Angleterre,
même aux États-Unis, l'État a chaque jour
un budget plus lourd. En France, en Italie,
en Autriche, les emprunts se succèdent; et,
si la folie des armements continue, comme
ce sera le cas pendant plus d'un siècle
peut-être, de nouveaux emprunts seront
nécessaires. La dette publique augmentera, et l'État aura besoin d'impôts de plus
en plus lourds.

La richesse sera aussi complètement
modifiée par la diminution progressive des
revenus que peut produire le capital.

Il y a cinquante ans, un prêt à 8 pour 100 était normal, tandis qu'aujourd'hui le même prêt à 8 pour 100 est devenu vraiment usuraire. Aujourd'hui, l'intérêt de l'argent tend à être de 3 à 3,5 pour 100. Dans cinquante ans, si les choses suivent la même marche, il ne sera plus que de 2 à 2,5, et, dans un siècle, de 1 à 1,5.

Si l'on songe que les objets de consommation alimentaire, les loyers, les vêtements, les objets de luxe, tout ce qui s'achète, en un mot, a triplé de valeur, il s'ensuit que la valeur du capital a diminué d'autant. On peut donc regarder comme certain, étant donné le développement de l'extraction de l'or et de l'argent, que cette diminution continuera encore.

L'or et l'argent ne disparaissent pas, une fois qu'ils sont entrés dans la circulation. En 1850, la moyenne d'or et d'argent, en numéraire, était pour le monde entier de 36 francs par tête. Elle est de 70 en 1891. Elle sera de 200 à la fin du siècle, même si l'extraction d'or et d'argent continue régulièrement, sans s'accroître[1].

Ainsi, pour prendre un exemple concret : un objet qui valait 100 francs en 1850 vaudra, en 1992, 300 francs; 100 francs représentaient, en 1850, un capital de 1700 francs, tandis que la dépense de 300 francs, en 1992, représentera un capital de 30 000 francs. Si énorme que paraisse cette diffé-

1. Pour la France, la valeur des pièces d'or démonétisées représente 71 082 860 francs, dont 48 millions pour les pièces de 10 francs et 22,5 millions de francs pour les pièces de 5 francs. Quant à l'argent, on a retiré de la circulation pour 222 millions de francs; la monnaie française ayant cours est représentée par 8,738 millions en or, et 5,312 millions en argent; ce qui fait 14 millions, soit par tête environ 400 francs, c'est-à-dire, en chiffres ronds, 250 francs en or et 150 francs en argent.

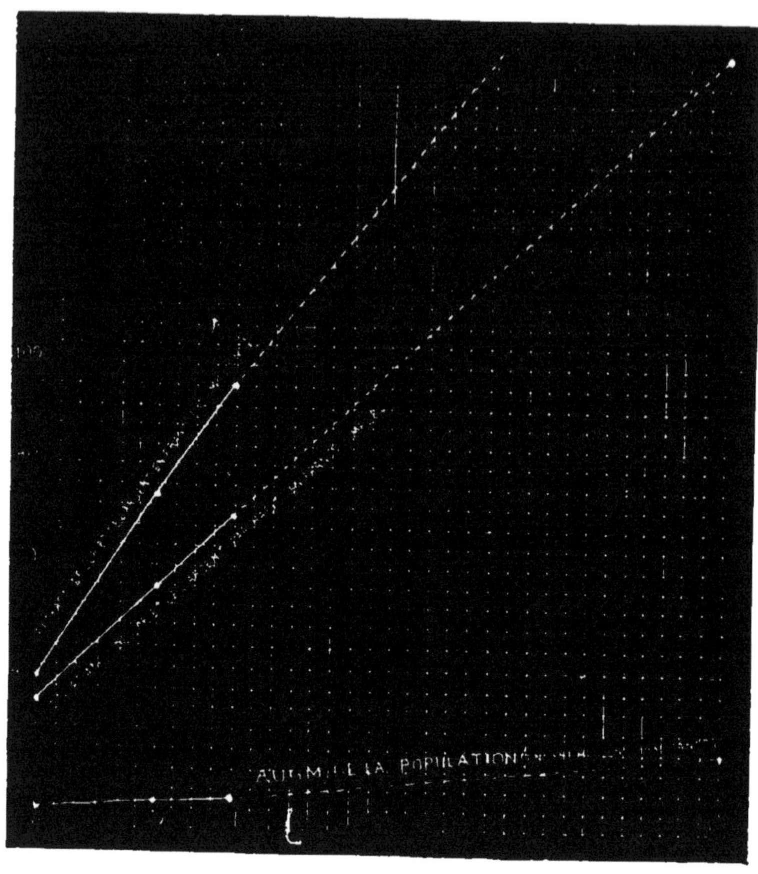

F_{IG}. 7·

Comme l'extraction de l'or et de l'argent est continue, et que, d'autre part, l'or et l'argent précédemment extraits ne sont pas détruits, il s'ensuit que les quantités absolues de ces métaux précieux, qui sont dans la circulation publique, vont en augmentant régulièrement. Mais, comme la population augmente, la quantité de l'or et de l'argent monnayés que posséde en moyenne chaque habitant du globe va en croissant, mais en croissant moins vite.

Sur la figure ci-jointe, on voit en bas le croit de la population totale du globe : plus haut, la moyenne de l'or et de l'argent monayés possédés en moyenne par chaque habitant; plus haut, les quantités absolues d'or et d'argent monayés qui sont en circulation.

Or et argent en (millions de francs).		Or et argent en (millions de francs).	
1851-1855	896	1881-1885	1062
1856-1860	908	1886	1105
1861-1865	895	1887	1112
1866-1870	980	1888	1155
1871-1875	1037	1889	1260
1876-1880	1078		

En admettant qu'en 1851 la quantité d'or et d'argent représentait 53 750 millions, on sait qu'en 1889 le total représente à peu près 87 500 millions.

rence, elle n'en est pas moins positive ; et c'est une des meilleures solutions de la question sociale qu'on puisse prévoir. En effet, le capitaliste sera ainsi, de fait, à peu près supprimé, car, pour avoir autant que le travailleur, il aura besoin d'un si gros capital que bien peu d'individus seront en état d'être capitalistes.

Pour peu que l'impôt sur le revenu ait été établi seulement pendant quelque temps (et nous croyons que, d'ici à une trentaine d'années au plus, il sera à peu près universellement mis en usage), la propriété foncière sera très divisée en France, en Angleterre et en Allemagne. Quant à l'Amérique et à l'Australie, les territoires sont si vastes qu'ils suffisent, et au delà, aux besoins de l'agriculture, et que ce qui manque, c'est l'habitant à la terre, non la terre à l'habitant.

Mais il y a aussi à envisager le sort de l'ouvrier : s'il est à peu près établi que bientôt dans les campagnes tout paysan sera propriétaire, il n'en sera pas de même de l'ouvrier, car l'épargne lui est difficile, et il est bien plus exposé à des tentations et des passions de toute sorte, si bien qu'il faut à un ouvrier une vertu peu commune pour qu'à force d'épargne il puisse se constituer un minime capital.

Or les ouvriers seront de plus en plus nombreux; l'émigration des campagnes vers les villes fait chaque jour des progrès qui vont aller encore en augmentant [1]. En Europe, les campagnes sont abandonnées;

1. Si les grandes villes de New-York, Paris et Londres suivaient la progression qu'elles ont subie depuis le commencement de ce siècle, elles compteraient, à elles trois, 60 millions d'habitants à la fin du XXe siècle. Le chiffre nous paraît si énorme que nous n'osons pas l'admettre comme le plus probable.

les villes seules grandissent, et avec quelle
effrayante rapidité! On peut prévoir que
dans un siècle Londres aura 10 millions
d'habitants. Ce sera une nation-ville, où il
n'y aura pas un agriculteur, peuplée seulement d'industriels, et de commerçants,
et d'ouvriers. Paris, reliant à lui les villes
voisines du département de la Seine, formera un tout énorme de 5 ou 6 millions
d'habitants. Les villes Paris et Londres
auront leurs modes spéciaux de transport,
de publicité, leurs finances propres; ce seront des nations dans la nation, et il y
aura là une masse énorme de prolétaires,
dont le sort sera heureux ou malheureux,
suivant la nature des lois sociales qui auront été faites.

Que l'on ne croie pas, en effet, que
l'augmentation de la population terrestre
nécessite un accroissement égal de la popu-

lation agricole. Nous avons vu plus haut, en faisant des calculs assez optimistes, que la population du globe passerait de 1 400 000 000 à 2 100 000 000, soit une augmentation de 2 à 3, ce qui suppose évidemment une augmentation égale de la production alimentaire. Mais l'extension des territoires agricoles du Nouveau Monde suffira largement à cet excédent nécessaire de production, et, même dans la vieille Europe, avec les machines à vapeur et la culture intensive, on ferait rendre facilement au sol le double de ce qu'il produit à présent, sans augmenter pour cela le nombre des hommes qui le cultivent.

Par conséquent, la population rurale n'augmentera guère; mais seulement la population urbaine. Or les ouvriers en formeront la très grande partie. Comme ils seront plus nombreux, ils pourront, par leurs votes, faire adopter diverses lois sur la réglementation du travail, lois qui, dans l'ensemble, seront assurément justes et équitables.

Qu'il y ait entre les ouvriers et les bourgeois des haines, des malentendus, des querelles plus ou moins violentes, ce n'est pas douteux; mais si les ouvriers, ce qui paraît probable, comprennent leur force, ils seront modérés et respectueux des droits d'autrui, pour mieux assurer leur triomphe. Ils n'auront pas besoin de longues méditations pour comprendre qu'avec leurs votes et leurs grèves ils pourront devenir les maîtres du monde.

De toutes les questions sociales, la plus grave peut-être, c'est la question internationale des armées permanentes et de la préparation à la guerre. Si l'on n'avait pour pré-

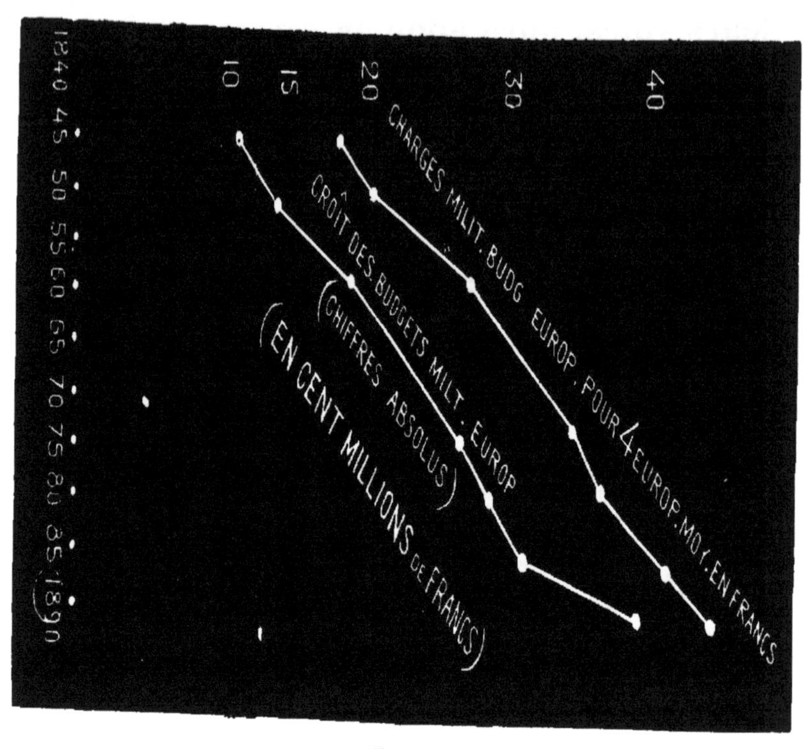

Fɪɢ. 8.

Cette figure, ainsi que la figure suivante, montre le croit absolu des budgets militaires européens (France, Russie, Allemagne Italie Grande-Bretagne, Autriche) depuis 1845 jusqu'en 1890. La ligne de dessus montre la somme que chaque famille européenne (quatre habitants) doit payer annuellement pour le budget de la guerre.

Cette somme est ainsi progressive :

Années	Budget total (en millions)	Somme par 4 habitants (en francs)	Années	Budget total (en millions)	Somme par 4 habitants (en francs)
1845	1117	18,2	1878	2950	37,1
1852	1420	21,1	1884	3180	41,6
1858	1980	28,1	1890	4050	45,0
1872	2700	35,0			

voir qu'à dire ce qu'on espère, je dirais volontiers que dans un siècle notre système européen d'armements démesurés n'existera plus. Hélas! c'est peut-être le contraire qu'on verra. Je serais même tenté de croire que la guerre cessera avant que les armements aient pris fin, et que les folles dépenses militaires continueront longtemps encore après qu'il n'y aura plus de guerres. Autrement dit, on continuera pendant beaucoup d'années à se ruiner par la paix armée, au lieu de se ruiner par la guerre.

Distinguons d'ailleurs les armements et les armées. Le système des armements se poursuit et progresse chaque jour; on construit des forts, des fusils, des canons, des cuirassés; mais les armées permanentes tendent à disparaître. Avec une nation armée, il n'y a plus d'armée permanente.

BUDGETS DE LA GUERRE DES EUROPÉENS
EN 10 MILLIONS
300
200
100
1845
1855
1865
1875
1885
1895
1905
1915
1925

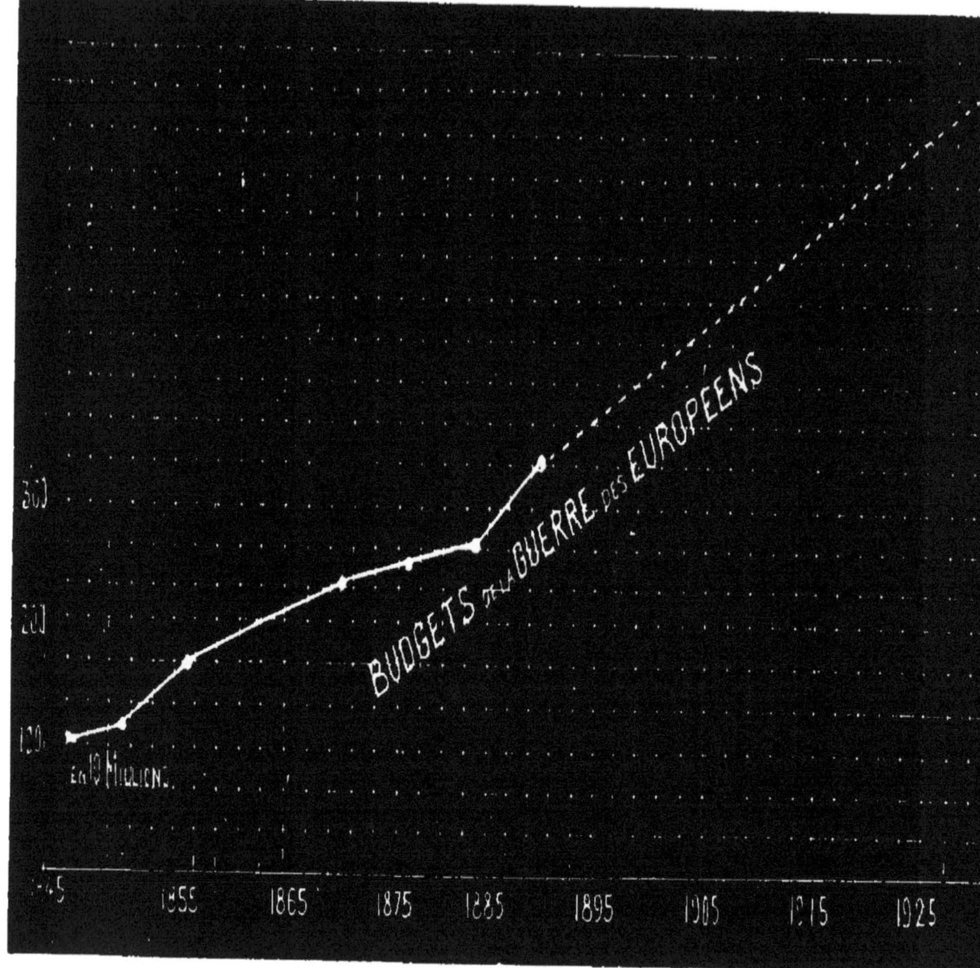

Fig. 9.

Les hommes servent maintenant deux ans, au lieu de servir sept ans comme jadis, et on arrivera forcément à réduire le service militaire à un an. L'armée sera alors une école de discipline physique et morale qui aura quelques avantages, et que je serais, à certains points de vue, tenté de considérer comme un bien. En tout cas, on ne voit pas qu'il y ait, avant longtemps, moyen de supprimer tout notre système militaire, nos cadres bien pourvus, nos fusils et nos forteresses.

Et cependant pour le budget quel bénéfice! Les armées européennes (marine et guerre) représentent à peu près une dépense annuelle de 4 milliards. Songe-t-on que c'est une prime de 4 milliards ainsi donnée par l'Europe à l'Amérique? La richesse des peuples étant, dans une certaine mesure, en raison inverse des impòts qu'ils payent, voit-on ce que ferait aux Européens cette allégeance de 4 milliards sur leurs impôts?

Si, en 1992, la question militaire n'est pas résolue — et elle le sera peut-être dans le sens de la suppression des armées permanentes et de l'organisation d'un tribunal arbitral international — ce ne sera que partie remise; car dans le siècle suivant le progrès sera fait. En tous cas, en 1992, on en parlera plus qu'on ne le fait aujourd'hui, et on agitera très sérieusement cette question.

Le suffrage universel, l'impôt sur le revenu progressif et proportionnel, l'abolition des armées permanentes et l'institution des tribunaux internationaux, la liberté des syndicats et des grèves, l'instruction obligatoire et universelle, voilà les exigences légitimes de la démocratie; et, certes elle obtiendra tout cela. Peut-être même aura-t-elle plus qu'elle ne peut le demander justement; car elle a une singulière aversion pour les personnes, et il est à craindre que, quand elle pourra tout, elle n'abuse de sa force. Mais, en laissant de côté les détails, dans l'ensemble, son programme entier sera réalisé.

Ouvriers, bourgeois, paysans, le monde futur sera essentiellement démocratique et utilitaire; en somme, une société à peu près constituée comme notre société actuelle. Elle aura les défauts et les mérites de la démocratie, mais ils seront, les uns et les autres, portés à l'extrême. Les places, recherchées avec ardeur, et obtenues par l'intrigue et la faveur; la concurrence pour la vie, impitoyable; les hommes politiques, faisant des bassesses pour obtenir le suffrage de la foule. En un mot, le gouvernement peu estimé, assez peu puissant d'ailleurs, mais forcé, pour conserver le pouvoir, de gouverner sans trop de prévarication et de satisfaire aux besoins du peuple. La richesse sera encore le principal élément de la puissance ; mais cette richesse sera plus également répartie qu'aujourd'hui.

Cette société matérialiste et utilitaire aura-t-elle une religion ? Elle sera essentiellement laïque, ce n'est pas douteux. Mais les idées religieuses ne se détruisent pas : elles offrent, comme la langue nationale, une résistance presque invincible. Dans les pays catholiques, le peuple aura conservé un vague sentiment religieux, et il y aura encore des pompes religieuses, suivies sans conviction par la masse, avec une conviction profonde par quelques rares individus, épaves seules survivantes de la foi des anciens âges. Dans les pays protestants, la religion sera moins doctrinale, mais plus suivie, une sorte de christianisme épuré, dégagé de toute conception liturgique, d'autant plus difficile à déraciner qu'il fera moins de part au surnaturel et à l'absurde. Ce sera une religion raisonnable et raisonnée, qui comptera aux États-Unis et en Angleterre des millions d'adhérents, évoluant dans le sens moderne. Le catholicisme, lui aussi, subira une évolution analogue; il sera toujours très dogmatique, mais la rigueur du dogme sera compensée, d'une part, par l'incrédulité et l'indifférence des masses, d'autre part, par le sens très net de la réalité contemporaine, qui n'a jamais fait défaut à l'Église catholique. Les Juifs se confondront de plus en plus avec la masse de la nation au milieu de laquelle ils vivent, et leur religion ne sera plus qu'une tradition curieuse, démodée. Quant aux Arabes, aux Hindous, aux Chinois, ils auront gardé leurs croyances. L'histoire des quatre siècles qui nous précèdent montre que le prosélitysme chrétien n'a aucune prise sur eux. Ils ont d'assez bonnes religions pour ne pas vouloir en changer.

Pour les populations africaines, si elles ne sont pas musulmanes, elles accepteront la religion de leurs colonisateurs, protestants ou catholiques; aussi les religions et les idoles fétichistes ne seront-elles plus qu'un souvenir étiqueté et classé dans les musées d'anthropologie.

A vrai dire ce qui dominera dans le monde, ce sera l'indifférence religieuse, avec la conservation apparente des formes ou de quelques formes. Mais la morale n'en souffrira probablement pas. Il y aura une doctrine morale, celle de l'*altruisme*, qui enseignera le respect de la liberté d'autrui et les droits d'autrui, avec l'obéissance aux lois de son pays. Ce sera une morale sans sanction, soit, mais non pas sans grandeur. Reste à savoir si elle sera efficace. Après tout, pourquoi pas? Les hommes ne se guident pas d'après les formules d'un catéchisme, mais d'après les exemples qui leur sont donnés, les préceptes qu'ils trouvent dans leurs livres, surtout d'après l'ensemble des idées ambiantes qui leur forme comme une vague conscience morale.

Pour la morale, le XXe siècle sera assurément dans une période de transition, car la morale future ne sera pas encore fondée; et nous ne pouvons pas deviner ce qui la constituera plus tard ; mais c'est déjà quelque chose que de la prévoir, et d'en supposer, comme on le fera en 1992, les premiers linéaments.

Cette conception utilitaire de la morale paraîtra sans doute peu élevée à quelques philosophes ; mais, pour peu qu'ils réfléchissent, ils se rendront compte que toute morale doit avoir l'homme comme point de départ, et l'homme comme but. Se sacrifier soi-même, c'est-à-dire sacrifier sa personne, sa famille et ses biens à la patrie, ce fut l'idéal moral des Grecs et surtout des Romains : notre idéal doit être à peu près le même, mais à condition que l'idée d'humanité remplace l'idée de patrie. Alors sera constituée une société humaine dont les individus auront pour loi morale le sacrifice individuel au bien général.

Sans doute, un avenir très éloigné réservera peut-être à cette idée, qui nous paraît si simple, d'étranges transformations, que nul ne saurait préciser d'avance. Mais aujourd'hui l'idée altruiste, avec la notion de la solidarité humaine, c'est la seule morale que nous puissions regarder comme probable d'ici à un ou deux siècles. Même nous pouvons difficilement en concevoir une autre.

Elle n'aura pas de sanction, comme les religions prétendent en fournir une, mais elle n'en sera pas moins très puissante, d'abord par les lois, ensuite par le développement de la conscience publique.

Dans les sociétés du xxe siècle, les lois seront certainement à peu près les mêmes que les lois actuelles, et, quelle que soit l'idée morale du plus grand nombre, la criminalité ne changera guère. Les statistiques nous apprennent que cette criminalité, dès que les chiffres portent sur un grand pays, ne varie guère d'une année à l'autre, et que l'ensemble de la moralité, se traduisant tant bien que mal par la pénalité, varie moins qu'on peut le croire *a priori*. Il est même curieux de noter que cette criminalité, si fantasque en apparence, est en réalité un phénomène social extrêmement stable, plus stable même que la mortalité[1].

---

1. Il est certain que la criminalité ne varie guère; et même, si elle varie, c'est plutôt dans le sens d'une diminution, comme on peut le voir par la statistique suivante, qui se rapporte à la France, et qui comprend les crimes divers sous les chefs suivants : meurtres, tentatives de meurtre, assassinats, parricides, coups et blessures graves, empoisonnements, infanticides. Les nombres sont des nombres moyens annuels, et les chiffres sont la moyenne de diverses périodes quinquennales.

Il est vrai que criminalité ne veut pas tout dire, et que, en dehors des condamnations rendues par les tribunaux pour des délits ou des crimes, il y a l'ensemble des mœurs qui peut être plus ou moins

	Crimes et assassinats.	Avec les viols et incendies.
1826 — 1830	1175	1583
1831 — 1835	1167	1617
1836 — 1840	1277	»
1841 — 1845	1217	1973
1846 — 1850	1261	2220
1851 — 1855	1104	2160
1856 — 1860	883	2047
1861 — 1865	814	2024
1866 — 1870	823	1975
1871 — 1876	882	1975
1876 — 1880	813	2020
1881 — 1886	806	1845

Or pendant cette période la population a été en augmentant constamment de 33 à 38 millions; par conséquent, la décroissance est manifeste.

Donc, en mettant les choses au pis, nous voyons que le nombre des crimes ne tend pas à augmenter et que la criminalité est plutôt en voie de décrois-

conforme à tel idéal qu'on s'est figuré. Eh bien! nous l'avouons, il ne faut pas avoir grand espoir dans le siècle qui viendra. Les hommes auront les mêmes passions, et ces passions seront peut-être moins

sance. Nous sommes donc autorisé à admettre un état stationnaire ; et, en effet, si nous rapportons les chiffres à la population, nous trouvons, pour un million d'habitants, une proportion qui se classe de la manière suivante :

1826	= 50	1856	= 56
1831	= 49	1861	= 54
1836	= 59	1866	= 52
1841	= 64	1871	= 54
1846	= 61	1876	= 54
1851	= 58	1881	= 49

La moyenne générale est donc de 55, et l'écart de la moyenne n'est que de 9,1 ; ce qui signifie que, bon an, mal an, en prenant les pires années, on n'a pas un chiffre qui dépasse de 20 p. 100 le chiffre moyen.

De 1841 à 1886, on constate facilement que la décroissance des crimes a été, somme toute, assez régulière, ce qui doit donner bon espoir pour le siècle à venir.

efficacement combattues. La cupidité et l'égoïsme feront des progrès, si tant est qu'il y en ait encore à faire ; et les liens de la famille iront en se relâchant, à mesure que les liens sociaux seront plus forts.

C'est là, il faut bien le reconnaître, un des points noirs de l'avenir. Une société telle que la société future que nous supposons, où l'argent et le travail seront la base de tout, pourra-t-elle subsister longtemps? Cela est possible ; mais nous n'avons pas à nous inquiéter de ce lointain avenir : ce sera aux XXIe et XXIIe siècles à chercher cet accord. D'ici là, si les travailleurs savent s'organiser entre eux, ils pourront continuer l'existence sociale que nous menons aujourd'hui de manière à développer leur bien-être. S'ils sont sages et prévoyants, ce qu'il faut espérer, ils com-

prendront que le développement du bien-
être futur suppose des idées morales, ou
plutôt une grande idée morale, le sacrifice
de l'individu à la chose publique. Ce n'est
que par l'éducation (l'école et le livre) et par
de bonnes lois qu'on pourra faire pénétrer
cette idée dominatrice dans les masses
populaires [1].

Et puis, il faut avoir confiance dans les
progrès matériels pour amener le progrès moral. On ne peut guère séparer ces
éléments. Diminuer la misère et l'igno-

1. Le rôle de la femme, malgré les prédications
passionnées de quelques esprits généreux, sera toujours limité au foyer domestique. Par exception, il
y a aujourd'hui des femmes médecins, auteurs, peintres. Ces exceptions seront plus nombreuses, soit ;
mais, même en Amérique, la femme sera surtout la
mère de famille et la gardienne du foyer domestique.
Quant à prédire l'étendue de ses droits politiques,
cela est peu important, et d'ailleurs toute présomption serait téméraire.

rance, c'est un commencement de mora-
ralisation. La vertu, c'est-à-dire l'effort fait
sur soi-même pour vaincre ses passions
et se conformer à un certain idéal rêvé,
n'est peut-être pas moindre chez le sauvage que chez le civilisé ; mais, comme le
civilisé profite de tout ce que ses contemporains et ses ancêtres lui ont appris, au
point de vue du résultat obtenu, la con-
duite de l'homme civilisé est bien préférable à celle du sauvage. Un humoriste a dit
que la civilisation se mesurait à la consommation de savon et de timbres-poste :
ce n'est pas tout à fait la moralité, mais
c'est le début de la moralité.

L'idée du devoir, c'est une fort belle
chose, mais il faut d'abord déterminer où
est le devoir ; et plus les civilisations avan-
cent, plus elles le précisent et l'élèvent.

IV

L'AGRICULTURE, L'INDUSTRIE,

Les besoins physiologiques de l'homme ne varient guère ; par conséquent l'homme devra, au XXe comme au XIXe siècle, consommer les mêmes quantités de carbone, d'azote et d'hydrogène, et il faudra qu'il trouve sa subsistance dans le sol.

Mais le luxe ira en croissant, et le premier luxe est le luxe alimentaire. On n'imagine pas à quel point notre alimentation est affaire de luxe. Que l'on compare la nourriture d'un bourgeois parisien aisé de 1891 avec celle d'un paysan français du XVIIe siècle, ou d'un moujik contemporain, ou d'un Indou, ou d'un Arabe, et on verra que, dans la nourriture du bourgeois, tout ou presque tout est du luxe; le pain blanc, la viande, les légumes frais, le vin, le café; ce sont des aliments dont il pourrait se passer, sans être pour cela exposé à mourir de faim. Mais il est habitué au luxe, et cette alimentation recherchée lui est devenue indispensable.

Non pas à lui seulement, mais à tous ceux qui vivent à côté de lui. Tous les habitants d'une ville sont de gros mangeurs, si on les compare aux campagnards, et les campagnards d'aujourd'hui mangent plus et mieux que leurs ancêtres. Le besoin de bien-être et de *confort* va en croissant, et c'est comme une marche fatale.

Lorsqu'un pas a été fait en avant, il n'y a pas moyen de rétrograder.

Ainsi la consommation alimentaire augmentera, non seulement parce que la population se sera accrue, mais encore parce que chaque habitant consommera un peu davantage. On peut donc admettre que, de 1892 à 1992, les quantités de viande, de froment, de bière, de vin et de café qui seront consommées augmenteront en quantité absolue et en quantité relative.

Si la quantité du pain consommé paraît baisser, c'est parce que le pain blanc d'aujourd'hui contient, par rapport à l'unité de poids, plus d'éléments nutritifs que le pain d'autrefois, qui était moins bien fait, mêlé à beaucoup de substances indigérables et non assimilables[1].

1. Les chiffres suivants indiquent la consommation moyenne (par an) des habitants de Paris à différentes

Mais la terre sera facilement capable de cet effort. Non seulement il existe en Afrique et en Amérique de vastes régions qui s'ouvriront au défrichement et au labour, mais, même en Europe, on fera rendre au sol beaucoup plus qu'il ne rend actuellement.

On connaît maintenant très bien — et on connaîtra bien mieux encore — les conditions suivant lesquelles une culture

époques (d'après Husson, *les Consommations de Paris*, 1856, et *l'Annuaire statistique de la ville de Paris*, 1891).

	Pain.	Viande.	Vin.	Volailles, gibiers, poisson.
	Kilog.	Kilog.	Litres.	Kilog.
1637.	197	»	»	»
1730.	202	»	»	»
1770.	169	64	»	»
1788.	214	56	121	10,0
1810.	168	60	156	11,5
1820.	182	58	114	11,7
1854.	185	59	137	19,2

peut être prospère. Malgré la prodigieuse routine des paysans de tous les pays, ils s'initient peu à peu à la connaissance des lois de la production agricole. Les machines à vapeur permettront une culture économique intensive, et, avec un nombre d'ouvriers moindre, on aura un rendement plus parfait. Les engrais seront universellement employés. Ce sera, en un mot, la culture rationnelle, et presque scientifique, du sol.

Enfin il reste de grands espaces de terrains qui, même dans les pays les plus civilisés, ne sont pas encore défrichés. Ils le seront bientôt, à mesure que la terre sera davantage partagée et morcelée, comme c'est la conséquence fatale de l'héritage et du Code civil.

Si, en Europe, la surface des terres ensemencées augmente d'un quart ou d'un tiers, la production du bétail deviendra tout à fait insuffisante[1]. Il faudra peut-être deux fois plus de bœufs, de moutons et de porcs en 1992 qu'en 1892, et le sol européen ne pourra guère en nourrir plus qu'aujourd'hui. Mais l'Amérique, l'Afrique et l'Australie seront là qui nous enverront leurs produits.

La culture plus complète du sol amènera la presque totale destruction de certaines espèces animales. La chasse ne sera plus absolument que pour les propriétaires très

1. En faisant le total des importations et des exportations de bestiaux, moutons et porcs pour l'année 1888, on trouve, pour l'Europe, moins la Russie et la péninsule des Balkans, qu'il y a eu excès d'importation de 295 000 bestiaux, de 1 000 000 de moutons, contre un excès d'exportation de 9 000 porcs.

Encore ces chiffres sont-ils dus seulement à l'énorme excédent d'importation de bestiaux et de moutons qui se fait en Angleterre (375 000 bestiaux — 945 000 moutons).

riches, qui cultiveront le gibier, comme on cultive sa basse-cour. On sait qu'il faut dès à présent renoncer à chasser des animaux vraiment sauvages ; nos lièvres, nos perdreaux, nos faisans, nos lapins, sont des animaux domestiques.

Il faudra même, dans les pays autres que l'Europe, où il restera encore des animaux sauvages, faire quelque attention à ne pas pousser la destruction trop loin ; car une espèce animale, une fois éteinte, ne peut, par aucune force humaine ou autre, reparaître. Est-ce que l'élan et l'aurochs n'ont pas à peu près disparu d'Europe ? Est-ce que le bison, cruellement et bêtement pourchassé à outrance, n'est pas sur le point de disparaître de son dernier refuge ? Il n'en reste plus, paraît-il, qu'une centaine d'individus[1]. Nous craignons fort

1. Voir, dans la *Revue scientifique* du 7 novem-

que la girafe, l'éléphant, le lion, le kanguroo, la baleine, le phoque, soient, dans cent ans, réduits à quelques piteux exemplaires, qu'on promènera, empaillés ou non, dans les ménageries ambulantes [1].

La pêche devra probablement être, comme la chasse, aménagée et ménagée.

bre 1891, p. 704, les efforts faits par quelques généreux citoyens des États-Unis pour préserver d'une fin imminente des espèces en voie de disparition.

1. La statistique suivante, indiquant le nombre des lions tués en Algérie, est bien instructive à cet égard. On peut dire qu'il n'y en a plus. Déjà Tartarin, il y a quinze ans, avait beaucoup de peine à en rencontrer; que serait-ce aujourd'hui?

1874	— 23	1880	— 16
1875	— 22	1881	— 6
1876	— 32	1882	— 4
1877	— 23	1883	— 8
1878	— 31	1884	— 1
1879	— 25		

Les tigres sont encore nombreux dans l'Inde; mais, quand on voudra, on les fera disparaître.

Les Chinois, qui devraient être nos maîtres en agriculture, nous donnent, pour la culture maritime comme pour la culture terrestre, d'excellentes leçons pratiques. Ils cultivent le poisson de mer, et se gardent bien de détruire les œufs, comme nos imprévoyantes populations de pêcheurs le font sans scrupule avec leurs filets à mailles étroites et leurs embarcations à vapeur. Il est certain que le poisson devient chaque jour plus rare, et qu'avec les puissants engins de pêche dont on dispose, on va, sinon l'anéantir, du moins le diminuer dans une fâcheuse proportion.

L'industrie prêtera son appui à l'agriculture, par la construction des routes, des canaux, des aqueducs, des viaducs, des barrages, des ponts, et aussi par la perfection des instruments aratoires. A vrai dire, les Chinois, qui font rendre tant à leur sol, n'ont pas d'instruments aratoires perfectionnés. Ils suppléent à ces machines, trop savantes pour eux, par la patience et le travail.

Bref, nulle crainte à concevoir sur l'alimentation des hommes du xx° siècle. Ils seront mieux nourris que nous, et ils n'auront pas plus que nous à s'inquiéter de l'avenir de leurs arrière-petits-enfants. Même à supposer que l'humanité soit dix fois plus nombreuse, la terre et la mer suffiraient à la nourrir : on voit que nous pouvons être parfaitement rassurés.

L'industrie subira de profonds changements, et, somme toute, c'est sur l'industrie que vont porter les efforts du siècle à venir. Mais les effets ne peuvent en être prévus, car il est des découvertes à faire que personne ne devinera.

Nous ne pouvons évidemment faire aucune conjecture sur ce que nous ne soupçonnons pas, et nous en sommes réduits à ce qui est le moins intéressant, c'est-à-dire à ce qui est le plus vraisemblable. Mais n'oublions pas que des découvertes invraisemblables auront certainement bouleversé l'industrie.

Voyons d'abord quelle sera la source de la force. Actuellement, il n'y en a guère qu'une, que nous trouvons incomparable, et qui est merveilleuse en effet : c'est la houille. Les progrès de la consommation de la houille sont prodigieux, suivant une rapide progression géométrique; mais nous ne croyons pas qu'ils continueront avec la même rapidité [1].

En effet, l'emploi de la houille est main-

1. Voici, entre autres, quelques chiffres indiquant la consommation annuelle de la houille, par millions

tenant généralisé aux chemins de fer, steamers, mines, ateliers, lumière électrique, gaz d'éclairage, produits chimiques, fonderies, etc., si bien qu'il reste peu d'industries anciennes où la houille doive prendre place à nouveau. En outre, la production industrielle ne peut pas croître indéfiniment ; elle croît comme la population d'abord, puis comme le luxe de la population. Si donc nous supposons que la population passe de 2 à 3, et que le luxe augmente dans la proportion de 1 à 5 (ce qui est tout à fait arbitraire), cela

de tonnes, soit par milliards de kilogrammes : dans le monde entier.

$$1865 = 167$$
$$1874 = 261$$
$$1879 = 285$$
$$1882 = 355$$
$$1884 = 375$$
$$1890 = 435$$

nous donne pour la houille une consommation allant de 2 à 15, autrement dit une augmentation énorme.

Nous supposerons donc que les hommes de 1992 brûleront huit fois plus de houille que les hommes de 1892.

C'est beaucoup assurément, mais c'est en réalité une diminution de la courbe du croît de la consommation. Comme pour tout phénomène biologique ou sociologique, cette courbe doit être une parabole ; car, après une rapide progression, la progression doit diminuer et tendre à une sorte de niveau constant.

Malgré cette énorme consommation, les mines de houille ne s'appauvriront pas (il y en a une si prodigieuse masse)[1], et, quoique des torrents d'oxygène soient

1. On en découvre tous les jours de nouvelles. Celles qui sont dans l'Amérique du Nord repré-

transformés en acide carbonique, cela ne changera pas sensiblement la teneur de l'atmosphère terrestre. La différence, dans la quantité de l'oxygène atmosphérique, même à supposer que les végétaux verts n'agissent pas en dégageant de l'oxygène, ne sera que d'un demi dix-millième, chiffre impossible à préciser par l'analyse chimique [1].

sentent vingt fois plus que toutes les houillières anglaises qui suffiraient pour quatre siècles de consommation croissante.

1. On peut calculer à peu près la quantité d'oxygène libre qui est répandu dans l'atmosphère terrestre et dans les mers, et admettre, en chiffres ronds, 300 millions de milliards de tonnes. (Pour faire ce calcul, il suffit de connaître la dimension de la sphère aérienne circaterrestre, la pression barométrique moyenne, et la composition de l'air).

Cela posé, on sait qu'un homme consomme à peu près un kilogramme d'oxygène par jour; ce qui fait par an, pour les 1 500 000 000 d'habitants humains du

Il ne faut donc pas se préoccuper d'un déficit de charbon pour nos descendants.

globe, un chiffre annuel voisin de 600 000 000 de tonnes.

Mais l'homme ne représente qu'une partie de la nature vivante. On peut admettre qu'il n'en est, au point de vue de la consommation d'oxygène, que la dixième partie. Il y a environ 100 millions de bœufs, 200 millions de moutons, 50 millions de porcs, 50 millions de chevaux, 25 millions de chèvres, — et quant aux animaux (mammifères et oiseaux) autres que les bestiaux, on n'a aucun document qui permette d'en fixer le nombre avec précision. Toutefois nous ne serons pas très loin du chiffre réel en admettant une consommation moyenne de six milliards de tonnes d'oxygène, la consommation humaine représentant la dixième partie de la consommation animale totale.

Mais ce n'est là qu'une partie de la consommation d'oxygène ; car le développement de l'industrie fait que des quantités colossales de houille sont journellement brûlées. Sans trop forcer les chiffres, on peut supposer que, dans un demi-siècle, la consommation annuelle de houille sera de un milliard de tonnes : ce qui représente, en oxygène, à peu près 3 milliards de tonnes ; et, en unissant ce chiffre aux 6 milliards

Ils trouveront autant de houille qu'il leur en faudra pour leurs machines, leur gaz et la fonte de leurs fers.

de tonnes brûlées par les êtres vivants, cela fait 10 milliards de tonnes d'oxygène consommées annuellement.

Il est clair que cette quantité est trop forte ; car nous ne faisons pas intervenir l'oxygène rendu à l'atmosphère par la respiration des plantes vertes, qui décomposent l'acide carbonique en restituant à l'air l'oxygène de cet acide carbonique décomposé.

Somme toute, si nous évaluons l'oxygène en milliards de tonnes, cela nous fait une atmosphère de 300 000 000, avec une consommation annuelle de 10. Autrement dit, s'il y a dans 100 volumes d'air 20,93000 d'oxygène, après une consommation annuelle de 10 milliards de tonnes il n'y aura plus que 20,92993 ; c'est-à-dire, en somme, le même chiffre, les analyses les plus minutieuses ne parvenant pas à nous faire connaître des différences de moins d'un dix-millième,

Allons même jusqu'à supposer qu'un jour, par suite des progrès de l'industrie, toute la houille sera brûlée, et que tout le carbone des êtres vivants, en somme tout le carbone terrestre, sera brûlé. Eh bien !

Mais peut-être songera-t-on à d'autres forces que celles-là. Qui sait si c'est la plus économique et la plus commode ?

même dans ce cas, la masse de l'oxygène qui forme l'atmosphère terrestre ne sera pas sensiblement diminuée. La houille totale fait à peu près six millions de milliards de tonnes ; et le carbone des êtres vivants ne fait guere que cinquante millions de tonnes, chiffre négligeable par rapport à la houille. Supposons la combustion de ces six milliards de millions de tonnes sans restitution de l'oxygène par les plantes vivantes : c'est une consommation d'oxygène égale à dix-huit millions de milliards de tonnes ; et, en forçant encore les chiffres d'une manière invraisemblable, nous supposerons trente millions de milliards ; ce qui ne représente qu'un dixième de l'oxygène atmosphérique.

Donc, en supposant que tout ce qui peut être brûlé sur la terre sera brûlé, cela ne fera changer la teneur de l'oxygène ambiant que dans une proportion assez faible : au lieu d'avoir une atmosphère à 21 0/0 d'oxygène, la terre aurait une atmosphère à 19 0/0 d'oxygène, chiffre parfaitement compatible avec l'existence régulière et normale des êtres vivants.

Il n'est guère que trois autres sortes de forces sur lesquelles l'homme puisse compter : la force du soleil, la force des cours d'eau et de la mer, et la chaleur centrale de la terre.

La force du soleil est en réalité dans la houille où elle s'est emmagasinée ; mais on peut prévoir que, par certains procédés, on pourra l'employer plus directement sous la forme, soit de chaleur, soit d'électricité, soit de puissance chimique. Toutes les tentatives faites jusqu'ici ont démontré que le problème, soluble scientifiquement et parfaitement résolu, ne comportait pas d'application industrielle pratique. Mais il est fort possible que, par une invention in-génieuse, au lieu d'aller chercher le car-bone et l'hydrogène que le soleil a fixés jadis dans la plante, on fasse opérer au soleil instantanément une réaction chimique analogue. Toutefois il est douteux qu'on y parvienne ; car la chaleur solaire aura toujours cet inconvénient d'être intermittente (pendant le jour, et quand il n'y a pas de nuages) et d'exiger, pour être recueillie, une très grande surface. A la rigueur on pourrait supposer de fortes lentilles ; mais la complication augmenterait tout de suite très rapidement ; et on ne voit pas quelle supériorité une machine aussi complexe aurait sur la houille dont le maniement est si commode et dont le prix est si faible.

Quant au mouvement des marées, bien des essais ont été faits déjà ; mais il semble qu'ils aient complètement échoué. La force des cours d'eau paraît préférable, et cependant on les emploie peu, quelque avantageux qu'ils paraissent être au point de vue de la source de force.

Enfin la chaleur terrestre centrale sera probablement une des dernières ressources de l'homme. Mais, jusqu'à présent, c'est une ressource chimérique, car il paraît à peu près impossible de creuser des puits de mine à plus de 2 ou 3 kilomètres, et il faudrait aller beaucoup plus loin pour trouver la chaleur capable de faire bouillir l'eau.

En somme, la seule source probable de force, autre que le charbon, sera la chute des cours d'eau. Nul doute qu'elle ne sera, en 1992, très employée ; car on aura trouvé le moyen de transmettre, à l'aide de l'électricité sans doute, la force à distance.

Alors tous les cours d'eau importants actionneront d'immenses aimants qui feront la lumière électrique. Ce sera une grande économie de houille. Les fleuves éclaireront les villes par ce moyen, et assurément l'électricité ainsi dégagée servira à autre chose que l'éclairage. Il est même probable que la force électrique pourra, comme le gaz d'aujourd'hui, être transportée à domicile, et le prix en sera très modique. Les applications de cette force seront innombrables. Elle fournira la lumière, peut-être la chaleur, et pourra mettre en mouvement de petites machines domestiques très simples, comme les machines à coudre, par exemple. Tout le mouvement de la maison et toute la lumière seront le produit du fleuve ; la puissance majestueuse de ces eaux qui s'écoulent vers la mer étant une source constante et énorme de force qui se transforme par l'électro-aimant en électricité, puis en lumière et mouvement.

Malgré le développement énorme des aimants rotateurs mis en mouvement par les cours d'eau, malgré l'extension de la lumière électrique et de l'électricité, la houille conservera toute sa valeur, et elle sera, comme aujourd'hui, employée dans quantité d'usages, pour le chauffage notamment, car les bois et forêts seront en grande partie coupés et détruits pour la culture, et il n'y aura guère d'autre moyen de chauffage que le charbon de terre.

En résumé, à moins que quelque force nouvelle ne soit découverte, la houille et la chute des cours d'eau seront les forces mises en œuvre par nos enfants. Quant à la chaleur terrestre et à la chaleur solaire, elles seront réservées aux siècles suivants peut-être, mais le XXe siècle ne les emploiera pas encore.

Étant donné que la houille sera la principale force employée, on peut chercher à savoir sous quelle forme le mouvement sera communiqué. Jusqu'à présent, la machine à vapeur est si commode et si économique qu'elle n'a pu être remplacée par rien ; mais il faut bien savoir que la machine à vapeur a un rendement très imparfait. Si l'on brûle 100 kilogrammes de charbon, il n'y a guère, en moyenne, que 12 kilogrammes qui produisent un effet utile, et les meilleures machines, les plus grandes, ne produisent guère que 18 kilogrammes de force pour 100 kilogrammes de charbon employé. A supposer même de grands progrès, tout à fait invraisemblables, tels qu'on obtienne un rendement de 20 et 25 p. 100, ce ne sera jamais qu'un rendement d'un quart, encore bien imparfait et peu économique.

Il est possible qu'on trouve mieux avec d'autres machines que les machines à vapeur.

L'électricité paraît être tout indiquée ; mais la transformation de la chaleur de la houille en électricité est encore extrêmement coûteuse. Les moteurs à gaz sont meilleurs, encore qu'ils soient, à bien des égards, inférieurs à la machine à vapeur. De fait, le moteur économique reste à trouver. Si la houille en brûlant pouvait dégager toute sa force chimique à l'état de mouvement, donner, je suppose, 90 pour 100 de chaleur, ce serait un admirable moteur ; mais, jusqu'à présent, c'est l'inverse seul qu'on obtient, et la houille d'une machine à vapeur produit 10 pour 100 de travail et 90 pour 100 de chaleur, ce qui est un bien mauvais rendement dynamique.

Nous devrions maintenant, pour être complet, passer en revue les diverses industries ; mais le rapide examen que nous serions forcé de faire serait peu instructif ; car nos prévisions vraisemblables seraient en somme assez banales, et celles qui ne sont pas banales seraient peu vraisemblables.

D'une manière générale, la grande industrie l'emportera sur la petite industrie, et la machine aura complètement remplacé le travail manuel[1]. La laine, la soie, le coton, le papier se travailleront dans d'immenses ateliers, et, malgré l'élévation constante du prix de la main-d'œuvre, par suite de l'immense quantité facilement fabriquée, le prix final de revient ira toujours en diminuant. Les objets en fer et en acier, en aluminium, en nickel, en argent, seront

1. En France, en Allemagne, et même en Angleterre, il reste encore quantité d'industries pouvant employer la vapeur, et où c'est le travail manuel qui est mis en œuvre.

de consommation courante et à des prix étonnants par leur bon marché. De même tous les produits industriels. Que l'on compare le prix actuel d'une montre d'aujourd'hui au prix d'une montre il y a quarante ans, et on se fera une idée de l'avilissement des prix, qui surviendra d'ici à un siècle pour tous les objets fabriqués, quels qu'ils soient. Les petits fabricants ne pourront en retirer aucun bénéfice, et ce n'est que par une énorme fabrication, et par un chiffre d'affaires colossal, que les fabricants en gros pourront, malgré la concurrence, en retirer quelque avantage.

Les voitures seront, en partie au moins, remplacées par des voitures à vapeur ou des voitures électriques. Il y aura des vélocipèdes à vapeur et des vélocipèdes électriques. Des tramways à vapeur circuleront d'un village à l'autre.

L'imprimerie se fera à très bon marché ; car il y aura des machines à composer, et le papier sera sans valeur.

Les lampes, les horloges, les montres, les machines à coudre, les machines à écrire, la verrerie, les porcelaines d'usage courant, tous ces produits seront à vil prix.

Mais, bien entendu, le bon marché ne sera que relatif, et il ne s'appliquera qu'aux objets usuels ; car les objets d'art, ou d'industrie artistique, seront extrêmement coûteux. Tout ce qui sera fabriqué avec le bois ou le moellon sera d'un prix fort élevé ; car le bois et le moellon se feront rares, et d'ailleurs l'abaissement des prix pour les objets usuels coïncidera avec une élévation énorme des prix pour les objets de grand luxe.

Les constructions seront en fer, et l'industrie du fer se transformera si bien qu'on

ne voudra plus employer d'autres maté-
riaux. Même dans les campagnes il y aura
des maisons en fer, qui remplaceront la
chaumière d'autrefois ou la maison en briques. Des ponts en fer seront jetés par-
dessus les fleuves les plus larges. Un tunnel de fer passera par-dessous la Manche.
Peut-être même construira-t-on un grand
pont de fer au-dessus du détroit. Les théâtres, les palais, les musées, les universités
seront d'immenses édifices de fer dont on
bannira la pierre de taille, chère aux architectes. Ce sera vraiment le siècle de la
houille et du fer, et on raillera avec raison
la folie des architectes d'aujourd'hui qui
s'obstinent, pour des raisons aussi peu
désintéressées que possible, à prendre des
moellons et des briques pour les bâtiments
qu'ils sont chargés d'édifier[1].

1. C'est un véritable scandale que de voir les énor-

L'art de l'ingénieur aura fait des progrès incomparables. L'isthme de Panama sera percé, l'isthme de Corinthe aussi, et l'isthme de Malacca. Un tunnel reliera la Grande-Bretagne et la France. Il y aura un canal de la Baltique, un canal du golfe du Lion au golfe de Gascogne; peut-être même un tunnel, ou un colossal viaduc, franchira le détroit de Gibraltar. Les grands fleuves seront élargis de manière que les vaisseaux de haut bord y puissent passer. Paris sera un port de mer comme Londres. En un mot, les barrières que la nature a mises entre les peuples s'efface-ront de plus en plus, grâce à la force triomphante de l'industrie.

Les industries chimiques prospéreront.

mes édifices de pierre qu'on construit de toutes parts à grands frais, alors qu'on pourrait faire tant de choses, à si bon marché, avec le fer.

Le savon, la bougie, les allumettes deviendront très bon marché ; on utilisera les
déchets du gaz et les déjections animales
ou humaines, de manière à en extraire
tout ce qui est utile. On fera par synthèse
la plupart des combinaisons chimiques que
nous sommes forcés, à grands frais. d'extraire des plantes, morphine, quinine, etc.

La chimie exercera aussi sa puissance
sur les industries alimentaires, la fabrication du sucre et celle de l'alcool. Les
viandes de l'Australie et de l'Amérique du
Sud, conservées par des procédés chimiques, arriveront intactes, avec toute leur
saveur et leur fraîcheur, en Europe.

Dans les villes, il y aura une série de
canalisations, non seulement pour l'eau et
le gaz, comme à présent, mais pour l'électricité, qui donnera la force motrice et la
lumière, et pour la chaleur, qui circulera,

sous la forme de vapeur d'eau ou de toute autre vapeur surchauffée, dans de longs conduits. Il y aura des téléphones, des phonographes, et peut-être aussi des *télé-photes*, c'est-à-dire des appareils permettant de voir des scènes actuelles lointaines ou des scènes lointaines fixées, puis reproduites par un procédé quelconque.

Quant à la photographie, il n'est guère douteux qu'on n'obtienne franchement et complètement la photographie des couleurs, même instantanée[1]. Ce sera probablement la dernière période de cette admirable invention ; car, une fois que la reproduction instantanée des choses, avec leur couleur et leur relief, aura été obte-

---

1. Voir, dans la *Revue scientifique* du 11 juillet 1891, p. 33, l'intéressant exposé que M. Berget a donné des belles découvertes récentes de M. Lippmann. Chaque jour amène un nouveau progrès.

nue, on ne voit pas bien ce qui restera encore à faire.

Le commerce suivra les mêmes voies que l'industrie. Dans les grandes villes, les petits commerces seront à peu près supprimés ; il n'y aura plus guère que les grandes entreprises commerciales qui auront chance de réussir. Les sociétés coopératives ouvrières, les associations syndicales, chercheront à avoir des représentants qui, dans les différentes villes, écouleront leurs produits. — Certes, le commerce de détail subsistera toujours dans les petites villes et les villages ; mais il y aura une tendance à supprimer autant que possible tout intermédiaire entre le producteur et le consommateur.

Si, comme on peut le supposer, les barrières douanières sont tombées, alors le

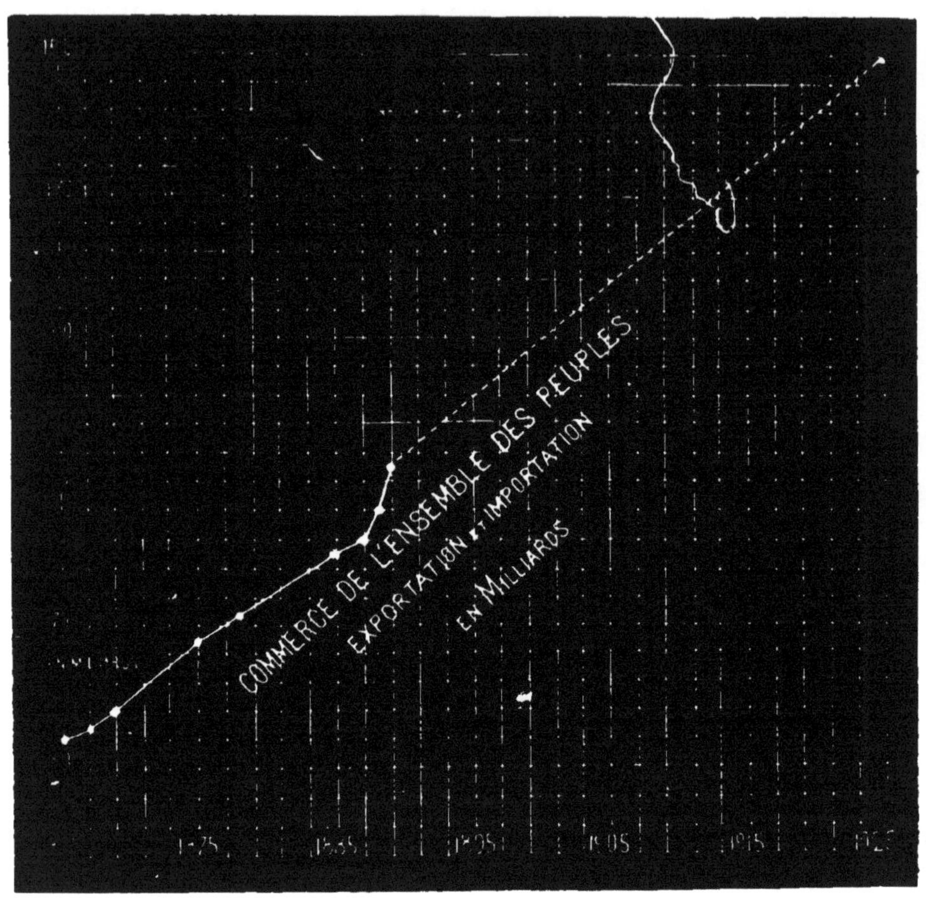

Fɪɢ. 10.

Cette figure montre la marche progressive du commerce (exportation et importation réunies). Les chiffres représentent des milliards de francs, et ils s'appliquent au commerce de toutes les nations du monde réunies :

1867.	55 milliards.		1882.	84 milliards.
1869.	58	—	1884.	80	—
1875.	68	—	1887.	82	—
1878.	71	—	1888.	86	—
1880.	78	—	1889.	92	—

commerce sera surtout international. Chaque pays aura plusieurs produits spéciaux qui jouiront de la faveur générale et feront aux produits similaires des autres nations une concurrence victorieuse. Il est aussi à espérer que la Chine et l'Inde formeront un immense marché qui commencera à s'ouvrir à notre commerce européen.

Mais ce n'est pas du côté du commerce qu'il faut regarder si l'on veut espérer des progrès essentiels, c'est du côté de l'industrie, car, de toutes parts, l'industrie, entourant l'homme, doublera son bien-être ; ses besoins de luxe iront en croissant, à mesure qu'il pourra mieux les satisfaire.

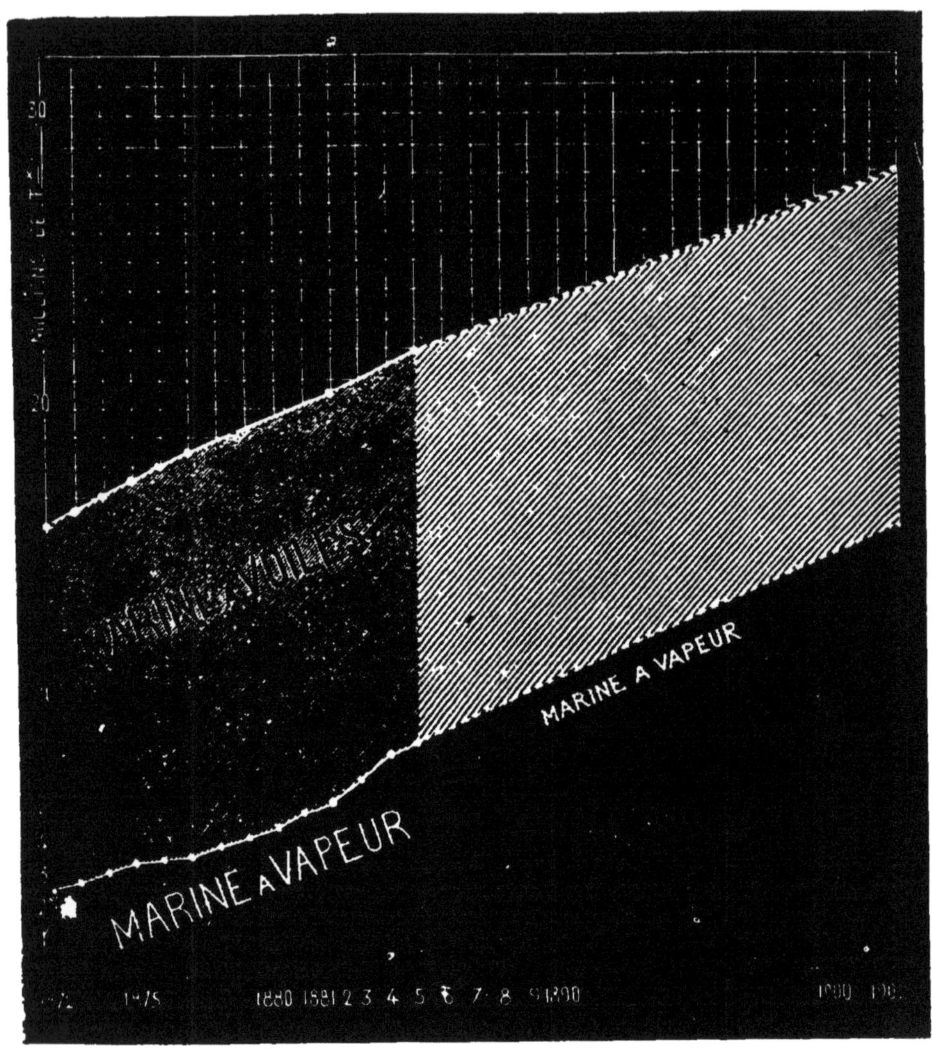

FIG. 11.

Cette figure montre le développement de la marine marchande, à voiles et à vapeur. Les chiffres représentent le tonnage de jauge en milliers de tonnes.

En bas est la marine à vapeur; en haut, avec des teintes plus claires, la marine à voiles. On a séparé par des teintes différentes la statistique du passé et la statistique incertaine de l'avenir.

On voit le développement rapidement croissant de la marine à vapeur, et l'état à peu près stationnaire de la marine à voiles.

V

LES ARTS, LES LETTRES
ET LES SCIENCES

Que deviendront alors les arts et les lettres? Eh bien, malgré des craintes souvent exprimées, nous ne croyons pas que le culte de l'industrie et le développement de la démocratie étouffent l'art.

Il faudrait être aveugle pour ne pas voir la prépondérance qu'ont prise de nos jours les arts dits industriels et les beaux-arts proprement dits.

C'est dans les arts industriels que consiste maintenant une grande partie du luxe. Le luxe de l'ameublement et du vêtement est encore de l'art, et il est certain qu'une démocratie riche et cultivée ne pourra pas s'en passer. Les chevaliers du moyen âge, ou les Romains du temps de Caton, avaient moins de luxe, ou, si l'on veut, moins d'objets d'art que le petit bourgeois du boulevard Voltaire, à Paris, ou de la Cité, à Londres, et peut-être dans cent ans l'ouvrier aisé (s'il y en a) voudra-t-il dans son appartement des lampes, des gravures, des meubles aussi artistiques que l'ameublement du petit bourgeois d'aujourd'hui [1].

1. Déjà l'ouvrier anglais a trouvé le moyen d'avoir des vêtements comme ceux d'un bourgeois ; un certain luxe, ou, pour mieux dire, une certaine aisance chez lui. Il est peut-être mieux logé et mieux

Quant aux beaux-arts, ils sont en grand honneur. Je ne sache pas que le nombre des tableaux exposés aux Salons de peinture aille en diminuant. Si l'on mettait bout à bout tous les tableaux qui sont chaque année exposés à Paris, Londres, Munich, Berlin et Vienne, on aurait en peu d'années de quoi tapisser la ligne du chemin de fer qui va de Paris au Havre. Il faut donc bien admettre que, s'il y a tant de peintres, ce n'est pas seulement par l'amour désintéressé de l'art, c'est encore parce qu'ils y trouvent une rémunération pécuniaire suffisante.

La progression de la richesse publique entraînera évidemment une progression

nourri que les seigneurs allemands du moyen âge; et il y a plus de *confortable* dans son *home* que dans certains palais italiens ou certains châteaux de la campagne russe.

dans la production artistique ; car, après tout, comment employer sa richesse, sinon en augmentant le bien-être et le luxe ? Or les arts font partie du bien-être et du luxe. Il n'y a pas à craindre que la photographie détrône la peinture. Même si la photographie des couleurs arrive à la perfection, elle ne pourra pas produire les mêmes effets qu'un beau tableau. Si la photographie a nui à un art, c'est à la gravure, et malheureusement cet art charmant est sur son déclin ; car une bonne photographie (en photogravure) sera toujours infiniment moins coûteuse qu'une bonne gravure, en même temps qu'elle lui sera supérieure par l'exactitude et le fini des détails.

Mais, d'un autre côté, cette peinture, cette sculpture, qui serviront de gagne-pain à tant d'artistes, auront-elles une tendance quelconque? Peut-on voir dans les brumes de l'avenir le destin réservé à l'art?

Assurément non. Les phases de la peinture ont été si diverses qu'on ne peut exactement deviner ce que sera un bon tableau du XXe siècle. Il est probable qu'il ne sera pas bien profondément différent des bons tableaux d'aujourd'hui. Nous admirons encore les œuvres de Pérugin et de Raphaël. Les sculptures de Phidias et de Praxitèle excitent encore notre admiration. Pourquoi veut-on que nos petits-enfants voient autrement que nous?

Il est vrai que nos contemporains font des tableaux qui ne ressemblent pas du tout à ceux de Pérugin et de Raphaël; mais c'est qu'il y a, sous un fonds de beauté commune à toutes les époques, un élément variable, qui est la mode et le goût du jour. L'art du xvie siècle et l'art du xviiie siècle, l'art japonais et l'art grec, même l'art de 1830 et l'art de 1890 sont très dissemblables. Les tableaux que nous admirons aujourd'hui et que nous regardons comme très modernes sont précisément ceux qu'en 1992 on trouvera très archaïques et très démodés.

Et ceux de 1992, comment seront-ils? Cela est impossible à dire. Pourtant nous pouvons supposer qu'ils seront encore plus réalistes que les tableaux d'aujourd'hui; car la tendance de l'art est de se rapprocher davantage de la nature, à condition qu'il existe une sorte d'émotion intime, esthétique, mettant en pleine lumière la réalité, qui, dans la nature, est latente sous les voiles qui l'obscurcissent.

La musique ne peut guère être réaliste, et on ne comprend pas le sens de cette

épithète appliquée à la musique. Il semble
que depuis quelque trente ans elle subisse
un temps d'arrêt. Après Beethoven, Mo-
zart, Rossini, Wagner et tant d'autres, les
ressources des sons musicaux actuels sont
à peu près épuisées, et il faudra, peut-
être, pour qu'elle prenne un développement nouveau, qu'un musicien de génie,
connaissant à la fois les hautes mathématiques et la mécanique instrumentale, enri-
chisse notre pauvre gamme actuelle, et
crée de nouvelles harmonies. Notre oreille
pourra s'adapter, par l'éducation, à ces
harmonies nouvelles, et de grandes beau-
tés, faisant vibrer profondément nos âmes,
seront dues sans doute à ces nouveaux
accords imprévus.

On peut fonder de grandes espérances
sur cette musique nouvelle qui sera réel-
lement la musique de l'avenir. Il n'y a

rien d'absurde à supposer que notre gamme, telle qu'elle est constituée, paraisse un jour aussi enfantine que nous paraît aujourd'hui la gamme des Grecs et des Arabes.

La destinée des belles-lettres est plus importante encore pour l'avenir de la civilisation que la destinée des beaux-arts. En effet, la philosophie, l'histoire, le roman, la poésie, l'art dramatique, touchent de si près à l'état social d'un peuple qu'on ne peut guère exagérer leur importance.

La philosophie et l'histoire tendront à être *scientifiques*, suivant une expression consacrée. La philosophie ne sera guère qu'un chapitre de la psychologie et de la physiologie. Quant à l'histoire, elle fera évidemment d'assez médiocres progrès.

Même si l'on venait à découvrir, ce qui

est peu vraisemblable, une immense série d'inscriptions, jusqu'à présent inconnues, ou de papyrus restés indéchiffrables, l'histoire, qui est une science morte, ne fera que des perfectionnements de détail sans grande importance.

La poésie ne sera pas en plus grande faveur qu'aujourd'hui. Le langage poétique est le parler des peuples enfants. L'*Iliade* est d'une beauté poétique qui n'a plus été atteinte. Il semble que la poésie s'accommode mal de notre vie fiévreuse, compliquée, qui comporte tant de sous-entendus, de réticences dues aux exigences sociales et aux multiples variations individuelles. Aussi une œuvre poétique ne peut-elle plus guère être populaire. Elle reste le domaine d'un petit nombre de lettrés et de curieux. Certes, les grandes épopées d'autrefois, odes, élégies, chants, ballades, tout ce qui fait l'œuvre des grands poètes : Homère, Virgile, Lucrèce, Dante, La Fontaine, Musset, Victor Hugo, Schiller, Gœthe, tout cela sera lu et relu. Il y aura, sans doute, soit en France, soit en Angleterre, soit en Allemagne, bien des poètes, et même de grands poètes qui rediront les belles choses qu'ont dites leurs illustres précurseurs. Ils ne les diront pas mieux; mais ils les diront autrement, avec la note moderne du temps où ils écriront.

En effet, le propre de la poésie, c'est le lieu commun. Petitesse de l'homme dans la nature, instabilité des conditions humaines, contraste entre le désir et la réalité, désespoir amoureux, ivresse belliqueuse, charme du printemps, ou fureur aveugle de la mer; voilà des données poétiques qui, interprétées et modulées diver-

sement, constituent le fonds de toute
poésie humaine. Peut-être nos enfants trou-
veront-ils des accents aussi émus et aussi
mélodieux que ceux qu'ont trouvés nos
pères ; mais le fond sera le même, et ils ne
pourront plus rien inventer[1]. Les préten-
tions de quelques jeunes gens qui s'intitu-
lent décadents, et qui prétendent régéné-
rer l'art, ne sont qu'une mystification
.assez amusante, que quelques naïfs ont eu
la bonhomie de prendre au sérieux.

La poésie ne fera donc pas de progrès :
mais le roman subira sans doute d'étonnantes transformations.

Actuellement la création littéraire est
marquée surtout par la production de romans. C'est comme une marée montante

---

1. Un critique a cru comprendre, d'après cela, que
je méprisais la poésie. Mais je doute qu'il ait compris.

qui menace de tout submerger. Si l'on ne prenait que les romans écrits, depuis un demi-siècle, en français et en anglais, on arriverait à former une bibliothèque de plus de deux cent mille volumes. Que l'on compare cette production annuelle avec ce qui était écrit il y a un siècle, et on appréciera bien l'intensité, je ne dirai pas du progrès, mais de la progression.

L'état de romancier est devenu une véritable industrie, dans laquelle l'art a peu à voir, et, selon toute apparence, il en sera ainsi de plus en plus. La lecture des romans est une des formes du luxe, et elle fera les mêmes progrès que la richesse publique.

Comme pour les tableaux, il n'y a pas à craindre que cette industrie périclite, au point de vue des bénéfices pécuniaires. Mais, au point de vue purement littéraire, que deviendra le roman futur ?

Eh bien, toute prévision à cet égard est nécessairement vaine. Peut-être se trouvera-t-il quelque homme de génie qui reviendra à la simplicité primitive; peut-être, au contraire, la complication psychologique ira-t-elle en s'exagérant, comme, par exemple, dans les romans russes. Il est possible, il est même probable que quelques nouveaux chefs-d'œuvre apparaîtront. Mais on peut être assuré que la forme sera différente de la forme actuelle. On lira avec plaisir *Don Quichotte*, *Manon Lescaut*, *Paul et Virginie*, *Werther*, *David Copperfield*, *la Recherche de l'absolu*, *les Misérables*, *Madame Bovary*, *Anna Karénine*; mais on aura sans doute trouvé d'autres formules, on suivra d'autres modes, et on admirera les chefs-d'œuvre du passé, sans chercher à les imiter, et même sans pouvoir les imiter.

Tout ce que nous venons de dire du roman s'appliquera à l'art dramatique. Le théâtre est la forme littéraire qui passionne le plus les masses et les individus. Il y aura donc des théâtres de plus en plus nombreux. Comme les villes seront énormes, la même pièce, si elle a du succès, pourra être jouée presque indéfiniment : il y aura toujours un nouveau public pour l'entendre et pour la trouver nouvelle. Dans une ville de cinq millions d'habitants, il n'y a pas de raison pour qu'une pièce à succès ne soit jouée pendant dix ans devant un public chaque jour différent. C'est là le succès : ce n'est peut-être pas le progrès.

Il est bien remarquable de constater que, pour le théâtre comme pour tant d'autres choses, les Grecs ont créé un idéal qui n'a pas été atteint depuis. L'émotion tragique des *Perses* ou d'*Œdipe* est supérieure à tout ce qu'on a fait ensuite; la simplicité et la grandeur de l'œuvre d'Eschyle et de Sophocle dépassent tout le théâtre moderne. Cependant il y a Shakespeare, il y a Molière; et on peut admettre qu'il se trouvera quelque puissant génie qui, comme Shakespeare ou Molière, pourra créer des œuvres dramatiques puissantes.

Ce sera probablement sur le modèle grec; car, puisque depuis trois mille ans les hommes n'ont pas modifié essentiellement la forme dramatique, il faut supposer qu'en cent ans cette révolution n'aura pas lieu, si tant est qu'elle doive jamais être faite. Mais, pour le théâtre comme pour le roman, la vie moderne pourra être une source d'inspirations neuves. Surtout la comédie réaliste et humoristique trouvera dans les conditions infiniment changeantes, à contrastes perpétuels, de l'existence sociale, une source inépuisable de comique toujours renaissant.

Ainsi, au point de vue littéraire, l'avenir est au roman et à la comédie. Les autres genres littéraires s'effaceront. L'art oratoire ne pourra pas disparaître ; mais ce sera sous une forme bien différente de la forme ancienne. Les orateurs traiteront leur sujet en hommes d'affaires ; ce qui n'exclut pas l'éloquence, mais ce qui nécessite une précision, une concision et une sobriété toutes spéciales.

Qui sait enfin s'il ne se formera pas d'autres genres littéraires que nous ne connaissons pas ? Est-ce que l'on aurait pu supposer, même après *Daphnis et Chloé* et les romans de Mlle de Scudéry que le roman aurait cette singulière fortune de détrôner tous les autres genres littéraires?

Si, pour les arts, toute prévision est à peu près vaine, combien plus encore pour la science? Plus que l'art ou la politique, la science est révolutionnaire. Ce que nous savons de la nature n'est rien à côté de ce que nous en ignorons, de sorte qu'une découverte nouvelle ouvre tout un horizon immense, avec des perspectives lointaines et imprévues.

Le fait d'une grande invention modifie de fond en comble tout une série de nos connaissances. Par exemple, l'œuvre de Lavoisier n'a-t-elle pas créé une science presque nouvelle? Les travaux de M. Pasteur n'ont-ils pas bouleversé ou, pour mieux dire, régénéré la physiologie, la médecine et l'hygiène? Une découverte technique, comme celle du microscope, du thermomètre, du télescope, de la pile électrique, amène des progrès scientifiques immenses qu'aucune intelligence n'est assez perspicace et féconde pour rêver. « La Nature, a dit Pascal, se lasserait moins de fournir que notre imagination de concevoir. »

Toutefois, cette réserve étant faite, on peut hasarder quelques conjectures sur le sort des sciences au xxe siècle. Peut-être nos arrière-petits-neveux riront-ils de bon cœur, s'ils ont l'étrange fantaisie de déterrer ce que nous écrivons ici. Mais notre consolation est de penser que nous ne serons pas là pour souffrir de leurs railleries.

Les sciences mathématiques n'ont pas

fait depuis un ou deux siècles de progrès
mémorables, ou du moins les progrès accomplis sont dans un domaine interdit à la
plupart des hommes. Les hautes mathématiques deviennent de plus en plus diffi-
ciles à aborder, et il n'y a guère plus d'une
vingtaine de personnes dans le monde entier qui soient en état de comprendre tous
leurs développements.

L'astronomie est appelée à d'étonnants
progrès; mais ces progrès seront absolument subordonnés à la construction de
nouveaux appareils. Il faut espérer qu'on
comprendra la nécessité de faire de grands
sacrifices pécuniaires pour construire d'immenses télescopes, dix fois, vingt fois plus
puissants que nos télescopes actuels. Certes, d'ici à un siècle, il se trouvera, aux
États-Unis ou ailleurs, de riches particu-

liers qui se résoudront à cette dépense, si improductive en apparence, qui en réalité peut être très féconde.

En effet, nous devons considérer l'astronomie comme une science qui n'est pas seulement une science d'observation, mais qui peut encore, à une époque plus ou moins lointaine, modifier les conditions d'existence des hommes. Sur la petite planète qui nous porte, nos évolutions ne peuvent être que bien limitées et imparfaites. N'est-il pas permis de supposer que nous les franchirons, non de fait, en chair et en os, comme on dit, — cela est bien improbable, — mais au moins par la pensée; c'est-à-dire que nous pourrons communiquer avec les autres planètes qui circulent comme nous autour du soleil. C'est là un rêve assurément, et au XXe siècle on ne sera sans doute guère plus avancé qu'au-

jourd'hui, mais ce rêve doit être fait; car
le progrès de l'homme sera toujours limité, s'il n'a pas d'autre horizon que son
étroit horizon terrestre; et on peut supposer qu'un moment viendra où le seul progrès qui restera à faire sera un progrès
astronomique.

Ce sont là des buts lointains, presque
des chimères; tandis que la météorologie
aura un but pratique immédiat. Aussi
sera-t-elle certainement plus avancée que
l'astronomie. Elle est d'ailleurs plus facile
et plus abordable à l'homme. Il suffira de
noter soigneusement, avec d'excellents appareils, sur les divers points de la terre,
les phénomènes cosmiques importants,
pour essayer d'en déduire quelques lois
générales, qui permettront de prévoir le
temps.

Les marins, les agriculteurs connaîtront le temps probable : la température, les orages, les cyclones, les pressions barométriques et hygrométriques, toutes données fournies par des stations météorologiques bien aménagées. C'est une science qui est aujourd'hui dans l'enfance. Nous croyons qu'à la fin du xxe siècle elle sera en pleine maturité.

On pourra ainsi agir dans une certaine mesure contre les événements prévus. Certaines mesures de précaution seront prises contre la grêle et la gelée, je suppose, par les cultivateurs ; contre les ouragans et les cyclones par les marins. Qui sait même si la prédiction de la température ne deviendra pas une notion tout à fait élémentaire et certaine, à quelques écarts près ?

Il n'est guère admissible, en effet, que

les phénomènes atmosphériques soient soumis au hasard; ils dépendent de quelques conditions que nous pourrons probablement, à force de patience, connaître les unes et les autres. Le tout est de prendre note des différents phénomènes observés pendant un temps suffisamment long. On verra alors survenir des phénomènes rythmiques, des périodes, des cycles qui seront assez réguliers pour permettre la prévision des temps; de manière à prendre quelques mesures préventives dont la puissance sera à étudier[1].

La chimie et la physique ont eu un ra-

1. Aux États-Unis, on a, cette année même, imaginé de provoquer la formation de pluie, et il paraît que les procédés réussissent assez bien pour qu'on traite *à forfait* cette chute de pluie dans une région.

pide essor, et les découvertes qui ont été faites dans ces deux sciences admirables sont depuis un siècle innombrables. En sera-t-il de même dans le siècle à venir?

La chimie, qui a eu une marche rapidement conquérante, semble depuis un quart de siècle subir un temps d'arrêt ; ou plutôt les découvertes qui se font en chimie ne portent que sur des détails, détails prévus, qui sont la conséquence des faits exposés antérieurement. (Nous exceptons, bien entendu, la chimie physiologique, qui relève de la physiologie plus que de la chimie.) C'est sur des synthèses, d'une part, et, d'autre part, sur la partie physique et mathématique de la chimie, que l'effort du siècle futur portera sans doute. Quant à la décomposition des corps qui nous paraissent simples, c'est peut-être une chimère. Si l'on y parvenait, ce serait une des plus grandes découvertes du xxe siècle.

Assurément des méthodes d'analyse et de synthèse bien plus parfaites que nos méthodes actuelles seront inventées. On aura décrit des corps nouveaux, par milliers, millions et milliards peut-être. Mais ce ne seront pas, semble-t-il, de grandes découvertes, car les voies sont tracées, et le résultat est prévu.

Il faut espérer davantage dans la synthèse facile, et peut-être applicable à l'industrie, de diverses substances. Déjà on est arrivé à faire synthétiquement des corps analogues au sucre. On réussira peut-être à obtenir par synthèse les aliments les plus compliqués. Il n'est pas absurde de supposer qu'il y aura un jour des graisses, des albumines, des amidons, des sucres, formés synthétiquement avec du charbon, de l'air et de l'eau.

Nous croyons que l'avenir de la physique est plus vaste, quoique, à vrai dire, aux limites de ces deux sciences, on ne puisse plus guère dire exactement ce qui est chimie et ce qui est physique. Encore cependant, dans la physique, faut-il faire une distinction entre les différentes branches qui la constituent. Ainsi l'optique, l'acoustique, la chaleur, sont arrivées à un tel état de perfection que, probablement à tort, on ne voit pas nettement les progrès fondamentaux qui seront à faire.

Mais il n'en est pas de même pour l'électricité. Non seulement au point de vue industriel, mais encore par le côté expérimental comme par le côté mathématique, l'électricité réservera à nos descendants des surprises colossales. On ne peut les prévoir, on peut seulement supposer que c'est dans ce domaine de l'électricité et du magnétisme que les découvertes seront faites.

Surtout il faut songer que la physique générale, qui est peut-être la base de toutes les sciences, se renouvelle incessamment, qu'elle est dans un état de perpétuel devenir, et que nous ne pouvons regarder comme le dernier mot des connaissances humaines ni la théorie dynamique de la chaleur et de l'électricité, ni la théorie de la permanence de la force, ni la théorie de l'attraction. Ce sont de grandes et admirables lois ; mais, sans tomber dans la rêverie, on peut supposer qu'elles seront un jour détrônées par des lois plus générales encore et qui en différeront.

En effet, rien ne nous autorise à admettre que nous connaissons toutes les forces de la nature. Loin de là ; il est vraisemblable que quelques forces seulement nous sont connues, tandis que les autres nous sont cachées. Que saurions-nous de l'électricité si Galvani et Volta n'avaient pas fait leurs expériences? Que pourrions-nous dire du magnétisme si l'aimant n'existait pas? Il y a donc, presque certainement, dans la nature, des forces cachées que nous ne savons pas voir, et que le hasard ou le génie d'un homme finiront par découvrir.

Certes, ce n'est pas beaucoup que de dire : *On trouvera quelque chose.* Pourtant c'est un peu plus que rien; car c'est d'avance s'habituer à cette notion simple que nos connaissances actuelles sur la matière et la force sont tout à fait rudimentaires et comportent, peut-être à brève échéance, les plus invraisemblables progrès.

Pour les sciences naturelles, il faut distinguer l'élément descriptif simple et l'élément expérimental.

Au point de vue descriptif, il y a bien des progrès à faire, et on peut être assuré qu'ils seront faits. Certainement, en 1992, on aura le catalogue exact, et à peu près complet, de toutes les espèces animales, végétales ou minérales qui sont sur notre planète. On aura fouillé les profondeurs des mers, des terres et des volcans. Le géologue saura, avec précision, dresser la liste des terrains avec les espèces disparues; il ne restera plus, somme toute, de nouveau fossile à découvrir, pas plus que de nouvelles plantes ou de nouveaux mollusques à classer. Des classifications plus ou moins ingénieuses auront modifié nos classifications actuelles. Mais c'est là un progrès bien limité.

Bref, ces sciences seront terminées. De

même que maintenant l'anatomie humaine est tout à fait achevée, et qu'il n'y a plus à découvrir de nouvel os ni de nouveau muscle dans le corps de l'homme, de même l'anatomie des animaux et des plantes aura à peu près dit son dernier mot.

Il est vrai que la structure intime des éléments organiques sera mieux connue. Si d'habiles et ingénieux constructeurs réalisent des microscopes qui grossissent sept ou huit fois plus que nos microscopes actuels, on aura, sur la constitution de la cellule et l'organisation des êtres simples, des notions bien plus complètes que les notions actuelles. Eh bien! il en sera ainsi, et dans peu de temps on s'étonnera de l'insuffisance de nos notions sur la structure des cellules végétales ou animales. Toutefois ces connaissances microscopiques plus complètes ne changeront rien à la morphologie générale ; elles ne serviront guère qu'à la physiologie des êtres, et même leur utilité à cet égard ne sera pas très grande, car la physiologie ne dépend presque pas de l'étendue de nos connaissances microscopiques.

Ne désespérons pas cependant ; car il y aura dans les sciences naturelles une partie dont l'avenir peut être prévu comme presque illimité : c'est le côté expérimental.

D'abord on devra tenter de longues et méthodiques expérimentations portant sur l'hérédité et la transmission des caractères.

Quoique jusqu'ici rien ou presque rien n'ait été fait, on se rend compte que l'avenir est là. Certes, nous ne pouvons créer des organismes vivants, et il est passablement absurde de supposer qu'on y arrivera jamais; mais, quoique nous ne puissions pas créer, nous pouvons transformer, et transformer d'une manière si complète et si radicale que ces transformations sont presque des créations; il n'est pas douteux qu'avec de la patience et de la persévérance, patience et persévérance poursuivies pendant plusieurs générations, on arrivera à modifier profondément les types qui sont vivants aujourd'hui, types d'animaux et de plantes, lesquels ne sont rien moins qu'immuables et qu'il dépend de nous de changer.

Non seulement cette plasticité de la nature vivante sera intéressante en théorie, mais encore au point de vue pratique elle sera très utile. Les espèces animales que nous avons domestiquées ne sont pas parfaites; elles peuvent subir des perfectionnements divers. Ainsi on peut faire porter l'amélioration (pour les moutons par exemple), soit sur la laine, soit sur la graisse, soit sur la chair. Les variations des races de chevaux, de chiens, de chats, de poules, de porcs, de dindons, de lapins, de pigeons pourront être l'objet d'une savante et régulière étude qui permettra de développer tel ou tel caractère, de diminuer ou d'atrophier tel ou tel autre caractère. Alors nous serons vraiment les maîtres des animaux, domestiques ou sauvages, puisque nous pourrons les conformer à nos besoins.

En outre, toutes ces études sur la sélection et l'hérédité auront, — dans un avenir, il est vrai, extrêmement lointain, — leur retentissement sur l'homme même. Quand on connaîtra bien les lois de l'hérédité, et leurs applications pratiques, on

en transportera les données à la race humaine elle-même ; on ne se contentera pas
de perfectionner les pigeons ou les lapins,
on essayera de perfectionner les hommes.
Ce sera assurément une chose étrange.
faite au premier abord pour surprendre,
très naturelle cependant et très simple,
que l'élevage appliqué à l'homme. Mais on
sera forcé d'en venir là, si l'on veut vraiment que l'homme fasse des progrès. Chez
les sauvages, il y a une sélection naturelle, tandis que dans les sociétés civilisées la sélection ne s'exerce pas. C'est là
une inconséquence et une absurdité contre
lesquelles tôt ou tard on voudra réagir. Il
faudra alors préparer les bases d'une sorte
de sélection artificielle, qui aura pour
effet de rendre les hommes plus forts,
plus beaux, plus intelligents. Comment y
arrivera-t-on ? Il n'est pas temps d'y pen-

ser ; il suffit d'indiquer le problème pour montrer l'importance des études de zoologie expérimentale, qui partiront de la transformation des espèces vivantes pour aboutir à la transformation même de l'homme.

Cette partie de la zoologie touche à la physiologie ; ou plutôt c'est encore de la physiologie. Mais la physiologie proprement dite aura de bien intéressants problèmes qui seront résolus. Certaines parties de cette science ne feront que peu de progrès : par exemple l'étude de la circulation, de la respiration et des divers mécanismes est à peu près achevée, sauf quelques points de détail. L'effort du siècle futur portera sur la chimie physiologique et, d'autre part, sur la psychologie.

La chimie physiologique est encore très

peu avancée, ou du moins les données multiples et tant soit peu confuses qu'on possède aujourd'hui seront bientòt distancées par des découvertes importantes. On saura analyser la nature des innombrables substances qui sont contenues dans les humeurs animales, et qui donnent à chacune de ces humeurs son caractère particulier. On trouvera dans les liquides sécrétés par les microbes les vaccins variés qu'ils produisent. Alors diverses substances chimiques, dont on fera peut-être la synthèse, seront isolées et préparées à l'état de pureté. On connaîtra, avec une précision presque irréprochable, les phases par lesquelles passe l'aliment ingéré et la raison d'être de ses dédoublements qu'on saisira dans tous leurs détails. On saura la fonction exacte du foie; en un mot, on pourra donner la formule chimique, plus ou moins complète encore, de la fonction vitale, formule qu'il est actuellement à peu près impossible de donner[1].

La psychologie fera de plus grands progrès encore. Aujourd'hui ce qu'on sait du cerveau et des rapports de l'intelligence avec le cerveau, c'est fort peu de chose. La physiologie du cerveau, c'est-à-dire la psychologie, est la grande lacune de la physiologie. Malgré d'innombrables tra-

1. Rien ne peut mieux donner une idée de notre impuissance pour une explication chimique que le fait, si simple en apparence, de la coagulation du sang. Eh bien! malgré d'innombrables recherches, ce phénomène élémentaire, connu de temps immémorial, est de cause tout à fait mystérieuse. Au moment où le muscle se contracte, il donne des produits de combustion multiples; mais lesquels? Quelle substance brûle alors? Voilà cependant des problèmes très simples qui se sont posés de tout temps et que nul ne peut aujourd'hui résoudre d'une manière tant soit peu satisfaisante.

vaux et de fort belles expériences, nous sommes forcés de reconnaître notre ignorance, et cependant c'est un des problèmes qui touchent l'homme de plus près. Connaître la nature de la pensée, faire la physiologie de l'organe de la pensée avec autant de précision et de finesse qu'on a fait la physiologie du cœur, voilà le problème qui se posera aux physiologistes futurs; et on peut être persuadé qu'au XXe siècle on aura découvert bien des faits que nous ne soupçonnons pas; car notre ignorance est si grande qu'il doit y avoir dans la question une ou deux grosses lacunes qu'une expérience, peut-être très simple, peut-être très compliquée, sera à même de combler.

Tout ce qui est du ressort de la philosophie peut plus ou moins rentrer dans la psychologie, et, par conséquent, dans la physiologie. Cette psychologie scientifique, dont nous n'avons encore que l'ébauche, sera la science humaine par excellence; et son avenir est presque illimité. Certes, au XXe siècle, elle ne sera pas terminée encore : elle n'aura même fait que commencer, mais la voie sera ouverte, et, dans cent ans, de belles découvertes dans le domaine psychique auront été réalisées.

Il est probable que la métaphysique sera tout à fait abandonnée, comme elle doit l'être. Les spéculations vagues, avec leur appareil suranné de démonstrations, seront laissées dans les in-folio poudreux où elles se sont accumulées depuis vingt siècles. Ainsi la philosophie proprement dite n'existera plus; le côté métaphysique ira aux astronomes, aux mathématiciens, aux physiciens; le côté psychologique sera la part des physiologistes.

D'ailleurs, à côté de la psychologie normale, classique, celle qui est enseignée aujourd'hui, il y aura peut-être, à l'état d'ébauche, plus ou moins nette, une psychologie dont on entrevoit aujourd'hui confusément quelques lignes; psychologie qu'on dit maintenant *occulte*, ce qui veut dire, en bon français, mal connue. Celle-là, nous croyons savoir qu'elle existe; mais nous sommes, par défaut de faits et de méthodes, impuissants à la connaître. Or, en 1992, on la comprendra mieux; peut-être même aura-t-on quelques expériences formelles, inattaquables, ouvrant à la science tout un monde inconnu.

Et, de fait, cette psychologie dite occulte (c'est le meilleur mot dont on puisse se servir, si mauvais qu'il soit) est une des espérances de l'homme. Si le monde connu aujourd'hui était le seul monde accessible à nos connaissances, on peut prévoir que le tour en serait fait assez vite, sinon en deux siècles, au moins en vingt siècles ou quarante siècles, ou même, si l'on veut, en deux cents siècles. Mais enfin ce monde tangible est borné. Rester toujours limité aux faits de la mécanique terrestre, et ne pouvoir sortir de cette planète, c'est pour l'homme une bien étroite limite, et il vaut mieux penser qu'en aucun moment l'humanité n'aura à désespérer, n'ayant plus rien d'inconnu à apprendre.

Quelles seront ces découvertes de la psychologie future? Nul ne le sait. On peut prévoir seulement qu'elles seront extraordinaires, et qu'elles exerceront sur la marche des idées humaines une puissante influence.

A côté de la physiologie, ou plutôt dépendant de la physiologie, la médecine et la chirurgie, qui se fondront de plus en plus en un seul art, seront profondément modifiées.

Peu de sciences ont été, par les découvertes modernes, vivifiées aussi énergiquement que les sciences médicales. Récemment surtout, l'œuvre admirable de Pasteur, fécondée par des travaux sans nombre, a renouvelé la médecine. C'est là un exemple éclatant de ce que peut faire une grande découverte, et, par conséquent, de l'extrême difficulté de toute conjecture sur l'avenir, puisque tout le système médical actuel, qui dérive directement des travaux de Pasteur, ne pouvait être pressenti par aucun médecin, si perspicace qu'il fût, avant 1860. Donc il est assez téméraire de prétendre deviner ce qui se passera dans un siècle, puisqu'il suffira d'une découverte fondamentale pour bouleverser toutes nos prévisions.

Cependant on peut essayer de faire quelques présages, et surtout d'indiquer la voie des réformes qui seront nécessaires à l'hygiène publique et qui seront certainement accomplies.

Au point de vue médico-chirurgical proprement dit, on arrivera presque certainement à la guérison et à la prophylaxie de diverses maladies infectieuses. Il y aura des vaccins contre la tuberculose, la scarlatine, la fièvre typhoïde, la rougeole, la syphilis. La pathogénie et l'étiologie de ces maladies seront absolument éclaircies. Les maladies du système nerveux, méthodiquement décrites, ne seront peut-être pas guéries aussi facilement; mais la thérapeutique sera infiniment plus riche que la thérapeutique actuelle; certaines substances animales, de la nature des ferments, seront isolées et constitueront des agents médicamenteux d'une puissance extrême.

Mais c'est surtout l'hygiène qui sera perfectionnée, et tout nous porte à croire que ce sera un des grands efforts, sinon le plus grand effort, du siècle prochain. Assurément nous avons sur l'hygiène publique beaucoup de notions précises; mais ces notions, nous ne les appliquons pas, soit par insouciance, soit par routine, soit par défaut de conviction. Nos enfants et nos petits-enfants ne feront pas cette faute, et ils introduiront résolument l'hygiène dans leur existence.

Si, en effet, on part de cette notion fondamentale, à présent incontestée, que la plupart des maladies sont contagieuses, il s'ensuit tout simplement qu'il faudra éviter la contagion. C'est tellement simple que c'est presque une bêtise. Cependant, dans la pratique, à peu près rien n'est fait en ce sens. Au XXe siècle, tout sera changé. Les tuberculeux seront isolés, séquestrés pour ainsi dire ; on désinfectera radicalement tout ce qui les aura touchés, et, si l'on n'arrive pas à détruire le germe de la tuberculose, au moins on empêchera sa dissémination, et on le localisera si bien qu'il ne sera presque plus offensif. La diphtérie, la coqueluche, la rougeole, la variole, la scarlatine, la fièvre typhoïde seront aussi traitées avec cette même rigueur. Tous les malades atteints de maladies infectieuses, dès qu'on aura reconnu leur maladie, seront soumis à un isolement sévère, comportant au besoin des pénalités assez fortes. Gardons-nous de voir dans ces prohibitions une atteinte à la liberté individuelle. Est-ce qu'on

offense la liberté individuelle en empê-
chant un individu d'aller tout nu dans les
rues? Cependant, tout compte fait, le spectacle n'est pas bien grave pour la santé et
la moralité publiques. La vue d'un individu qui se promène tout nu est sans grand
inconvénient, tandis que la dissémination
de la diphtérie par un malade peut amener la mort de plusieurs centaines de
personnes humaines.

En même temps que cette protection
contre les malades, on disposera sans
doute d'autres moyens prophylactiques. Il
est possible que certains vaccins puissent
conférer l'immunité contre la diphtérie, la
tuberculose, la scarlatine. Ce ne serait pas
plus étonnant que le fait de la vaccine jen-
nérienne qui préserve contre la variole

Chaque ville, tant soit peu importante,
aura ses conduites d'eau pure, d'une eau

privée de germes pathogènes, soit norma-
lement, soit par des procédés industriels,
filtration, chauffage, ou désinfection chimique. Les égouts, dans lesquels iront
toutes les déjections, seront, eux aussi,
désinfectés, de sorte que les épidémies ne
se transmettront pas à distance. D'ailleurs, dire que les épidémies cesseront de
se transmettre, c'est dire qu'il n'y aura
plus d'épidémies.

Il est inutile de parler de la rage et de la
morve, qui auront disparu; de bons règlements de police suffiront.

La prostitution sera réglementée de
telle sorte que la syphilis sera, sinon com-
plèment anéantie, au moins diminuée dans
d'énormes proportions. On aura compris
que les syphilitiques, hommes ou femmes,
sont des malades aussi dangereux que les
malades atteints de fièvres éruptives conta-

gieuses, et ils seront isolés avec la même rigueur. Du reste, il y aura peut-être pour la syphilis une vaccination analogue à la vaccination contre la variole.

L'alcoolisme, source de folie, de suicide et de misère, sera probablement, non sans quelques difficultés, énergiquement combattu. Les sociétés démocratiques reconnaîtront qu'il faut enrayer le fléau. Pour se mieux vaincre soi-même, parfois on s'impose une sorte d'obstacle artificiel qui persiste plus longtemps que la volonté chancelante. De même les sociétés civilisées, pour se réformer elles-mêmes, imposeront à leurs propres vices des obstacles qu'elles ne pourront plus franchir. En élevant le prix des alcools (par divers procédés qui sont tous efficaces), on rendra l'alcoolisme plus difficile. Il faudra pour cela réglementer la vente et peut-être même la fabrication des alcools. C'est une mesure qui aura d'immenses effets sociaux, et qui, combinée avec une pénalité sévère, éteindra ou tout au moins atténuera l'alcoolisme, qui est en si grande progression ascendante.

Enfin les enfants nouveau-nés seront soumis à une surveillance attentive, non pas seulement à une inspection platonique, illusoire, comme celle qui existe aujourd'hui, mais à une inspection véritable, efficace, avec la responsabilité civile comme sanction.

Alors que la plupart des maladies ont diminué d'intensité, l'aliénation mentale devient de plus en plus fréquente, et c'est là un phénomène général, contre lequel toutes mesures préventives autres que la restriction de l'alcoolisme seront probablement illusoires.

En effet, cet accroissement du nombre des aliénés peut tenir à différentes causes; et il est probable que ces différentes causes sont les unes et les autres efficaces; mais l'alcoolisme exerce à coup sûr une action plus puissante que tout le reste; les complications de l'existence sociale, la misère, coïncidant avec le croît du luxe, les intoxications par le tabac, le plomb, la morphine et l'éther; tout cela ne suffit pas pour rendre compte de cette effroyable progression.

Les aliénés du département de la Seine se sont accrus en nombre absolu de 400 en 1801, à 4400 en 1889; ce qui fait pour 10000 habitants, 7 aliénés en 1801, et 14 aliénés en 1889.

En présence de ce grand mal il faut essayer de réagir, et la seule réaction possible, c'est la lutte contre l'alcoolisme.

Nous l'avons dit souvent : le marchand de vin est l'ennemi de l'ouvrier, et son pire ennemi. Il est bien évident que le vin en lui-même n'est pas un poison, quand il n'est pas frelaté ; mais que l'alcool des eaux-de-vie inférieures, l'essence d'absinthe, et les boissons multiples alcooliques qui se débitent dans les cabarets, représentent des poisons terribles qui finissent par avoir raison des santés les plus vigoureuses et des plus belles intelligences.

On se demande avec une vraie stupéfaction pourquoi tant de ménagements vis-à-vis des fabricants ou des débitants de ces substances. Pourquoi ne pas en supprimer la vente, comme on supprime la vente de la dynamite, ou de la strychnine ? Il y aurait beaucoup moins d'inconvénients à laisser vendre à tous les coins de rue de la dynamite et de la strychnine qu'à laisser vendre de l'absinthe et du vermout.

Et, si l'on ne veut pas supprimer la vente, pourquoi ne pas la restreindre en imposant des droits énormes, écrasants, aux boissons alcooliques elles-mêmes, ou aux débitants qui les vendent? Nous sommes bien convaincu qu'un jour viendra, très proche peut-être, où des mesures rigoureuses, reconnues nécessaires, seront d'un commun accord prises par tous les États civilisés.

En même temps que l'aliénation, le suicide s'accroît et s'accroît partout. Même la rapidité de son accroissement est plus grande encore que celui de l'aliénation. A cette évolution fatale il n'y a point, semble-t-il, de remède; et, à tout prendre, qui oserait dire que le suicide est un mal? N'est-ce pas le dernier espoir des malheureux qui

ont tout perdu, santé, joie ou amour, fortune ou honneur[1].

Pour que les suicides diminuent, il sem-

1. Voici, en chiffres absolus, l'augmentation du nombre des suicides, de 1872 à 1887, en France.

	Chiffre absolu.	Sur 100 000 habitants.
1872	5 275	15
1873	5 525	15
1874	5 617	16
1875	5 472	15
1876	5 804	16
1877	5 922	16
1878	6 434	17
1879	6 496	18
1880	6 638	18
1881	6 741	18
1882	7 213	19
1883	7 267	19
1884	7 572	20
1885	7 902	21
1886	8 187	21
1887	8 202	21

Dans les autres pays l'augmentation n'est pas
moins grande.

ble que le seul moyen efficace serait de rendre les conditions sociales plus heureuses. Mais cela même ne semble pas suffisant; car la facilité au suicide est le fait d'une civilisation avancée; l'homme se différencie de la brute en se donnant sur lui-même droit de vie et de mort, droit que l'animal, esclave de l'instinct de conservation, est incapable d'exercer. A mesure que l'homme, par son intelligence, s'élèvera au-dessus des autres êtres, il se rendra de plus en plus maître de sa propre existence; et il ne faut pas croire — ni peut-être espérer — que le suicide diminuera, dans les civilisations plus avancées que la nôtre. Nous serions au contraire porté à croire qu'il va progresser très vite.

Toutes les lois de l'hygiène, évidemment, coïncideront avec le développement de l'assistance publique sous toutes ses

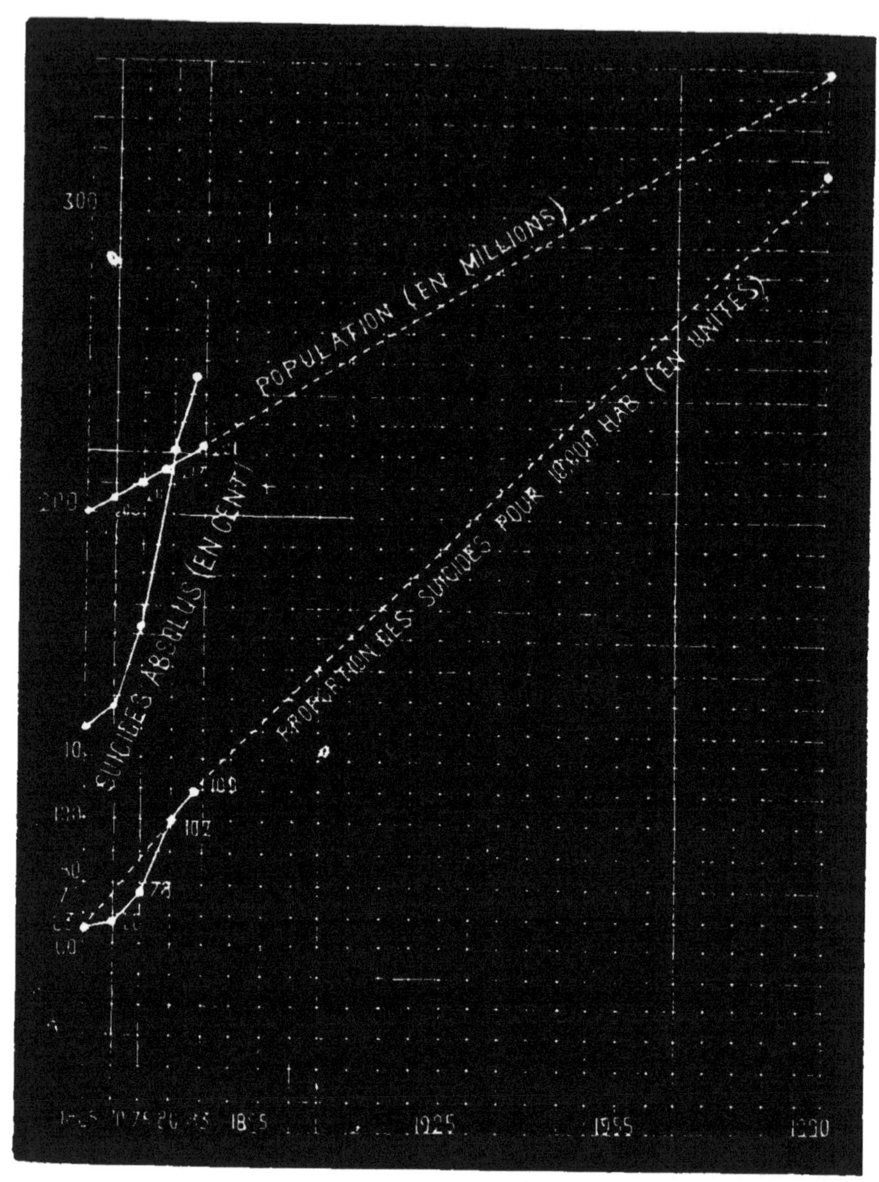

Fig. 12.

Cette figure montre la proportion croissante des suicides, due en partie sans doute à l'alcoolisme. On voit que la courbe est régulièrement ascendante.

Cette marche progressive du suicide est vraiment effrayante : et le graphique que nous donnons ici en fait voir tout de suite l'intensité.

formes : institutions charitables publiques ou privées, hopitaux d'enfants, de vieillards, crèches, salles d'asile, etc., de sorte que les petits, les malades, les faibles seront assurés de recevoir quelque secours de la société au milieu de laquelle ils sont jetés.

Ainsi la mortalité s'abaissera. La durée moyenne de la vie humaine ne sera plus de trente, ni même de quarante ans. Elle montera à cinquante ans, et peut-être encore au delà.

En définitive, dans l'organisation sociale future, l'hygiène tiendra une place prépondérante, et le savant, l'ingénieur comme le médecin, aura sa place dans les assemblées délibérantes. Sa voix sera toujours très écoutée, et ses conseils toujours suivis; car le souci de la vie des individus sera une des grandes préoccupations du législateur. Assurément ces règlements, ces lois, ces institutions, exigeront de colossales dépenses ; mais des milliers d'existences humaines valent bien le prix de quelques impôts un peu plus lourds.

VI

RÉSUMÉ ET CONCLUSIONS

On peut jusqu'à un certain point se faire une opinion sur le bien fondé des pronostics qu'on aventure, en se reportant au siècle passé, et en se demandant quelles prévisions un observateur sagace pouvait former sur les destinées du monde en 1890.

Certaines choses étaient vraisemblables, et il est assez étonnant que personne ne les ait nettement pronostiquées ; c'est d'abord la forme démocratique de la société moderne, avec la liberté individuelle et l'égalité des droits pour base. C'est ensuite l'accroissement de l'Amérique aux dépens de l'Europe, et finalement l'affranchissement des colonies américaines, soit espagnoles, soit anglaises, de même que nous pouvons prévoir que l'Australie, l'Algérie, le Cap, le Canada, seront un jour séparés de la métropole.

A la rigueur, un esprit perspicace eût pu admettre qu'au XIXᵉ siècle les sciences l'emporteraient sur les lettres. Mais ce que nul penseur, nul philosophe, nul savant n'aurait pu prévoir, ce sont les découvertes de la science et de l'industrie : les chemins de fer, l'électricité, la photographie, la théorie cellulaire, la théorie de la sélection naturelle, les anesthésiques, les antiseptiques, la science des microbes, etc. Tout ce qui a renouvelé le côté matériel de la vie devait être presque absolument fermé à une intelligence humaine, si grande qu'on la suppose[1].

Ainsi, les phénomènes sociologiques pouvaient, dans une certaine mesure, être prévus et devinés; mais les faits d'ordre scientifique défiaient toute prévision[2].

[1]. Si, au lieu de faire une prophétie en 1786, on suppose cette même prophétie faite en 1836, un demi-siècle après, on verra que dans l'ensemble le changement général a été bien plus grand de 1786 à 1836 que de 1836 à 1891. Pour les autres siècles, il y a aussi des différences extrêmes entre les progrès accomplis, par exemple de 1450 à 1500 et de 1550 à 1600. En revanche, il semble que d'autres périodes soient plus effacées. Ce serait une piquante histoire que cette étude rétrospective, faite au point de vue des prévisions vraisemblables ou invraisemblables.

[2]. Les critiques bienveillantes qu'on m'a adressées se ramènent presque toutes à celles-ci : *L'avenir est fermé pour nous, et nul ne peut deviner ce qui attend*

De là, pour nos prédictions sur 1992,
une immense incertitude, portant plutôt

*l'homme demain ; par conséquent, la prévision de
l'avenir réservé au siècle futur est absolument impossible.*

Il y a du vrai dans cette négation, et je ne peux me
dissimuler que certains faits imprévus, d'importance
primordiale, qui se produiront d'ici à peu de temps,
déjoueront des perspicacités bien supérieures à la
mienne; mais, dans l'ensemble, je m'imagine que les
prévisions fondées sur le passé ont une certaine valeur scientifique : je n'ai pas dit que tel ou tel avenir
était certain; j'ai dit seulement qu'il était plus probable que tel ou tel autre, et j'en ai donné les raisons, puisées dans le passé.

D'ailleurs, cette prévision de l'avenir est autre
chose qu'une simple prévision. Malgré moi, j'ai été
entraîné à considérer comme plus probable ce que je
croyais plus désirable, et, dans une certaine mesure,
l'idée de l'avenir s'est trouvée confondue avec l'idée
de progrès. Peut-être jugera-t-on qu'il est utile au
voyageur de chercher où il va quand il marche. Il a
ainsi une conception plus nette de la réalité présente,
des difficultés qui l'attendent, et des moyens de les
résoudre.

sur l'avenir de la science que sur l'avenir des nations ou des sociétés.

Résumons-nous.

D'abord, de toutes parts, les relations internationales plus étroites, plus fréquentes, plus rapides, et partout, du pôle Nord au pôle Sud, de l'Afrique à l'Australie, des télégraphes, des journaux, des phares, des locomotives, des bateaux à vapeur.

L'Afrique explorée et commençant à se peupler d'Européens. L'Amérique ayant une population trois fois plus nombreuse que la population actuelle; et, dans l'immense continent, le Nord parlant l'anglais, le Sud et le Centre parlant espagnol. Toutes les nations se développant, mais la Russie et les États-Unis du Nord devenant, par leurs immenses populations, prépondérantes, si tant est qu'il y ait, à la fin du XXe siècle, prépondérance militaire; car peut-être la période des guerres, dernier reste de la barbarie ancienne, aura pris fin ou tendra à prendre fin.

Toutes ces sociétés fondamentalement démocratiques avec une tendance au socialisme; la richesse plus disséminée; les conditions matérielles de l'existence, pour la plupart des humains, plus douces qu'aujourd'hui.

Les hommes seront-ils plus heureux? Nous ne le croyons pas. Le bonheur ne dépend pas des conditions extérieures; il dépend de nous-mêmes, de notre intelligence, de notre constitution psychologique. Mais, si le philosophe se dit, non sans quelque tristesse, que notre condition morale ne peut être le bonheur, il ne s'ensuit pas qu'il doive désespérer. Après tout, on ne peut agir sur la forme même de l'intelligence humaine. Cela nous est interdit, et l'homme restera le même [1]. Mais nous pou-

1. Les deux grandes infirmités de l'être humain, celles qui paraissent irrémédiables, et que nul progrès matériel ne paraît devoir être capable de guérir, c'est d'abord la vieillesse, qui fait que tout être humain passe par des phases successives d'accroissement et de décadence. Il s'achemine à la mort en subissant une série de morts partielles ; et, quoi qu'il fasse, arrivé à un certain âge, il dégénère, il s'en va de tous les côtés à la fois ; santé, vigueur, gaieté, mémoire, appétit, sommeil, puissance de muscles, de pensée, et de travail ; tout cela fléchit, sans qu'on puisse admettre qu'un moment viendra où cette décadence pourra lui être épargnée.

C'est ensuite l'impossibilité de saisir le présent. Le présent est comme une ombre qui fuit ; c'est un passé très récent ou un avenir très prochain. Mais il n'y a pas de temps présent pour l'homme. Un dieu jaloux nous a volé notre présent, et nous ne vivons que de souvenir ou d'espérance. De là une instabilité morale, une incertitude angoissante, qui empêche le repos, et presque le bonheur.

Ne pas pouvoir vivre dans le présent, et s'acheminer

vons modifier les choses qni l'entourent, diminuer son ignorance, lui éviter des maladies ou des infirmités, faire que presque tous les hommes aient un logis propre, avec une famille, des vêtements chauds et une nourriture suffisante. Préserver les hommes du froid, de la faim et de la maladie, ce n'est pas leur donner le bonheur, mais c'est tout ce que nous pouvons faire pour eux.

Plus tard, sans doute, quand la matière sera définitivement vaincue, quand les conditions extérieures de la richesse et du bonheur seront assurées par la paix entre les hommes et par les conquêtes de la science, alors il faudra songer à l'ave-

toujours, par la dégradation de toutes les facultés, vers une mort certaine, cela rend la condition psychologique des hommes bien précaire et bien misérable.

nir plus éloigné qui attend l'être humain. Il faudra créer une doctrine morale supérieure, quelque chose comme la notion chrétienne de la charité, étendue et agrandie.

Peut-être même est-il permis de fonder quelque espoir sur la science ; car elle renouvelle tout, elle agrandit tous les horizons, et elle nous ouvrira, bientôt peut-être, une voie jusqu'à présent inconnue.

Qui sait si un jour, par la connaissance plus approfondie des astres, des planètes et même des étoiles, nous ne pourrons pas entrer en relations avec les existences des êtres qui sont étrangers à la terre ? Qui sait si, en modifiant, par des sélections prudentes et hardies à la fois, le corps et l'âme de l'homme, nous ne finirons pas par créer des êtres bien supérieurs à ce que nous sommes aujourd'hui ? Qui sait si nous ne découvrirons pas en nous des facultés nouvelles, et si nous n'entrerons pas en communication avec des mondes nouveaux mêlés au monde actuel que nous connaissons?

Laboremus ! Laboremus ! Telle sera notre dernière et précise conclusion.

APPENDICE

I

ÉTUDE SUR LES LIVRES
OU IL EST PARLÉ DE L'AVENIR

Ce n'est assurément pas la première fois qu'on essaye de prévoir ce qui se passera à une époque éloignée. Un des ouvrages les plus curieux à cet égard est le livre de Mercier, intitulé : *l'An deux mille quatre cent quarante, rêve s'il en fut jamais.* Ce livre, paru en 1770, fut réimprimé avec des additions considérables en

1786 : c'est l'édition de 1786 que nous avons sous les yeux. Nous pouvons donc savoir quelles étaient les prévisions pour l'avenir d'un homme écrivant il y a cent six ans.

Il faut reconnaître d'abord que Mercier est avant tout un déclamateur. Il fait beaucoup de phrases. Il a lu et relu Rousseau. Qu'on en juge par cet échantillon : « Le jeune prince — c'est le prince de l'an 2440 — ému, attendri, le front couvert d'une modeste pudeur, n'ose lever les yeux sur cette grande assemblée dont les regards l'environnent et le pressent. Il répand des larmes, il pleure en envisageant l'étendue de ses devoirs, mais bientôt il agit en héros : on lui a enseigné que le grand homme doit se sacrifier pour ses semblables, et que, si la nature n'a pas préparé aux hommes un bonheur sans mélange, c'est au pouvoir heureux dont la nature le rend le dépositaire à faire plus que la nature n'avait su faire en leur faveur. Cette noble idée le pénètre, l'échauffe, l'enflamme; il prête le serment entre les mains de son père; il atteste la cendre sacrée de son aïeul; il baise le sceptre qu'il doit respecter le premier; il adore l'Être suprême, etc. »

Mercier n'a, pour ainsi dire, rien prévu de ce qui fait la gloire du xix° siècle, ou plutôt il ne s'occupe guère que de politique, et c'est la politique redondante et déclamatoire de son époque.

Dans un chapitre (chap. LXVIII), il parle des gazettes (deux fois plus grandes que les gazettes anglaises) qui sont imprimées en tous les points du monde. Il raconte avec admiration qu'on peut venir de Pékin en quatre mois (en réalité, il faut aujourd'hui quarante jours, et on pourra probablement faire ce voyage en dix ou douze jours dans un siècle); il suppose que l'Amérique espagnole a eu un libérateur, et que les populations de la nouvelle Espagne ont secoué le joug de la métropole. Il fait certainement penser à Bolivar, qui fut, un demi-siècle environ après 1786, le *libertador* du nouveau monde. « Lorsque le vengeur du nouveau monde eut chassé les tyrans, ce vengeur formidable se contenta d'être législateur... Vous n'avez point l'idée d'un pareil génie. » Mercier croit que les habitants de la Nouvelle-Guinée, de l'Australie, de la Terre de Magellan, ont une civilisation florissante qui ne leur vient pas de l'Europe, et en élève de J.-J. Rousseau, il les considère comme plus vertueux que les gens civilisés. Il passe à la Russie, à laquelle il accorde (avec admiration) 45 millions d'hommes, et il assigne à Londres une population triple de la population de 1786, c'est-à-dire un million d'hommes! Que dirait-il s'il savait que Londres, à la fin du XIXe siècle, aura 5 millions d'habitants, et qu'il y aura 125 millions de Russes? Il parle d'un Paris port de mer; d'un hôtel de l'inoculation pour la variole (il est intéressant de rapprocher cette prédiction de la construction de l'Institut Pasteur). — Il admet qu'il n'y a plus de guerres, que les monarchies sont toutes très libérales, que la liberté de la presse est absolue, et que l'instruction est répandue partout. Il croit aux machines volantes, et, oubliant que tout à l'heure il parlait de quatre mois pour un semblable voyage; il dit que certains mandarins sont venus de Pékin par l'aérostat en sept jours et demi. Il s'exprime avec une grande netteté sur l'*échelle des êtres*, ou hiérarchie zoologique, et ses paroles sont bonnes à citer textuellement : « ...L'échelle des êtres... avait alors reçu le trait de l'évidence. On voyait distinctement que les espèces se touchent, se fondent pour ainsi dire l'une dans l'autre, que, par des passages délicats et sensibles, depuis la pierre brute jusqu'à la plante, et depuis l'animal jusqu'à l'homme, rien n'était anéanti. »

Il faudra lire surtout les chapitres xxxiii, *le Cabinet du roi*, et lxviii, *les Gazettes.*

Comme exemple d'un rare manque de bon sens, je citerai le chapitre xlii, intitulé *Du commerce*, où Mercier suppose que l'*échange des choses superflues* a disparu; qu'il n'y a plus de commerce à l'extérieur, et que le commerce intérieur seul persiste : « Nous visitons les nations éloignées, mais, au lieu des productions de leur terre, nous saisissons des découvertes plus utiles dans leur législation, etc. »

Il n'est pas possible d'être plus mauvais prophète.

D'ailleurs, afin de permettre de juger les prédictions de Mercier, nous en donnons plus loin quelques extraits importants.

Victor Hugo s'exprime ainsi dans les *Misérables* (t. IX, p. 55) en 1862 : « Le vingtième siècle sera heureux. Alors plus rien de semblable à la vieille histoire; on n'aura plus à craindre une conquête, une invasion, une usurpation, une rivalité de nations à mains armées, une interruption de civilisation dépendant d'un mariage de rois, un partage de peuples par congrès, un démembrement par écroulement de dynasties... On n'aura plus à craindre la famine, l'exploitation, la prostitution par détresse, la misère par chômage, et l'échafaud, et la gloire et les batailles, et tous les brigandages du hasard dans la forêt des événements. On pourrait presque dire : il n'y aura plus d'événements; on sera heureux. »

Mais ce sont là des notions vagues, poétiques, et que l'avenir ne réalisera pas, ou du moins ne réalisera que lorsque l'humanité aura quelque mille ans de plus.

Il y a un livre d'Edward Bellamy qui a paru récemment en Amérique [1] sous la forme d'un roman. Un habitant de Boston se réveille après un sommeil léthargique de cent ans, et il décrit

1. Il a été traduit en français. Librairie Dentu, Paris, 1891 : *Cent ans après, ou l'an* 2000.

l'état de sa patrie. Mais il n'entre dans aucun détail que dans l'organisation sociale du travail. C'est une sorte d'utopie socialiste assez pesante, et on ne comprend guère le succès de librairie considérable qu'elle a obtenu.

Je ne veux pas oublier un livre charmant dont le texte est aussi spirituel que les dessins, *le Vingtième Siècle*, par ROBIDA. L'auteur n'a pas essayé de faire de la statistique ou de la science. Il a donné libre carrière à son imagination satirique et fantaisiste, et qui oserait dire qu'il a eu tort? Les machines volantes, qu'il appelle des aérocabs et des aéronefs, sont des ballons en forme de poissons qui ont les aspects les plus divertissants du monde; on dirait des Téniers arrangés par un ingénieur. Il y a des stations d'aérobals au haut des tours Notre-Dame et de la tour Saint-Jacques. Même, comme le vraisemblable n'inquiète guère M. Robida, il y a des aéronefs monstres qui embarquent pour l'Amérique tout un monde de voyageurs; des restaurants aériens, des chalets aériens *et cætera*; un tube central sous-marin, et même une ville centrale, placée au fond de l'Atlantique avec des appareils où on peut se livrer aux émouvantes péripéties d'une chasse aux monstres marins. Les femmes sont devenues, avocats, députés, médecins, notaires, agents de change, militaires, et elles jouent les premiers rôles. De désopilantes inventions donnent à notre monotone et peu confortable existence une saveur inattendue : tubes gastronomiques ; téléphotes, théâtroscopes, téléphonoscopes. Il faudrait tout citer, surtout il faudrait reproduire ces amusants dessins, près desquels notre prose, plus raisonnable peut être — encore n'est-ce pas bien sûr — doit paraître très terne.

Deux autres livres sont encore à mentionner ; ils ne sont pas aussi amusants que le livre de Robida ; mais je ne puis les trouver inférieurs à l'ouvrage de M. Bellamy qui a eu en Amérique un succès que je ne m'explique guère ; c'est : *la Cité future*, par M. ALAIN LE DRIMEUR, et *le Monde dans deux mille ans*, par M. GEORGES PELLERIN.

Dans l'un et l'autre de ces ouvrages on trouve une sorte de fable un peu enfantine, qui sert de trame à la conception du monde futur. Dans le livre de M. Pellerin, c'est un savant, assez peu savant d'ailleurs, qui est magnétisé et qui parle du monde de l'an 3892. (!!) Il affectionne la métaphysique et fait volontiers des cours d'histoire et de politique.

Le livre de M. Le Drimeur est *censé* écrit au commencement du XXIe siècle. On ne peut guère s'intéresser au roman de Philippe Martinvast, Jacques de Vertpré et Mme Listor. Mais il y a, comme dans le livre de M. Pellerin, un vrai amour du progrès et de la justice; et, après tout, cela suffit.

II

QUELQUES EXTRAITS DE L'AN 2440
PAR MERCIER

I. — L'AÉROSTAT

Levant les yeux en l'air, j'aperçus une machine immense, qui s'avançait à pleines voiles, et qui, planant à une prodigieuse hauteur audessus de la ville, semblait vouloir y descendre. Chacun accourut; on braqua les lunettes; l'un criait : « C'est le vaisseau qui vient d'Afrique. — Non, disait l'autre, il arrive de Philadelphie. » Pendant ces discours l'étrange vaisseau descendait lentement de quatre mille six cents pieds de hauteur. Il aborda dans une place publique, et huit mandarins sortirent du char suspendu à l'aérostat. Il arrivait de Pékin. La traversée avait été de sept jours et demi.

Les mandarins saluèrent gracieusement le peuple, et offrirent des fruits du pays à qui voulut en prendre.

Ils présentèrent ensuite des passe-ports à qui en désirait ; car ils devaient repartir sous peu de jours.

Six cents lieues de terre, du Nord au Sud, et autant de l'Est à l'Ouest, cultivées jusqu'au sommet des montagnes, ne pouvaient qu'inviter l'étranger à jouir d'un pareil spectacle, car la plus nombreuse société d'hommes prouve évidemment que, plus il y a de bras dans un empire, plus il est florissant.

J'avais bien vu le premier pas de cette pompeuse navigation. J'avais vu l'homme attaché par son poids à la terre, et qui rampait depuis la naissance du monde, s'élever en l'air et faire de petites courses toujours bornées et quelquefois périlleuses. Mais l'*homme-oiseau*, — c'est le nom que l'on donnait à ces aéronautes, — s'environnait à volonté d'un ciel serein et d'une lumière pure, traversait le séjour des orages, et en vingt-quatre heures changeait de climat, en franchissant les distances qui séparaient les contrées les plus éloignées !

L'*homme-oiseau* avait conquis en entier les régions de l'atmosphère, et, voguant dans cet océan invisible, laissant l'aigle sous ses pieds, se plongeant dans les rayons du soleil, il avait multiplié ses forces en les éprouvant contre celles du vent ; il avait connu tous les degrés de la résistance de l'air et de sa température à différentes hauteurs, et, bien loin que le vent arrêtât son essor, il s'en était aidé pour voler plus vite et plus loin.

Le nom de l'inventeur et celui du monarque qui avait protégé cette étonnante découverte n'étaient pas tombés dans l'oubli. On citait autour de moi Montgolfier et Louis XVI, qui avaient imprimé un caractère national à ces premiers globes, à ces globes merveilleux, dont les autres nations furent si jalouses. Car la noble conquête que l'homme avait faite sur un troisième élément était due à un Français et à un monarque qui n'avait pas séparé sa gloire de celle de son peuple.

L'intrépidité des premiers physiciens qui, s'emparant de la découverte et, par des moyens nouveaux, obtenant les mêmes succès, avaient osé les premiers poser le pied dans un si dangereux vaisseau, était récompensée par de justes éloges.

La légèreté et l'ignorance avaient dit : « Jamais l'homme ne pourra se diriger dans cet élément si mobile et sans point d'appui, et alors à quoi servira cette découverte qu'on prône avec tant d'enthousiasme? Ce n'est qu'un amusement, un enfantillage. »Ainsi l'on mettait des bornes aux arts et à la force de l'esprit humain. Mais l'ignorance et la légèreté ont reçu un démenti formel.

II. — L'EUROPE

Quelle est la situation actuelle de l'Europe? De mon temps, à peu près, le commerce procura la découverte d'un nouveau monde, et cette découverte changea la face des choses. Il s'ensuivit un système d'équilibre qui tendait à balancer les pouvoirs l'un par l'autre, à mettre un frein à l'ambition, à limiter les conquêtes, à garantir à chaque État le maintien de son indépendance particulière. Mais ce système a rendu les guerres plus longues et plus cruelles, en rendant les forces plus égales.

Qu'est devenue la Russie dont la puissance étonna mon siècle, tandis qu'elle n'avait point encore d'existence politique au commencement de ce même siècle? Cet empire, dans son immense étendue, touchait à toutes les mers, et pouvait communiquer par elles à toutes les parties des deux mondes [1]. Cet empire a été coupé en deux; une si vaste couronne ne pouvait pas reposer sur une seule tête. — Et la Pologne? — Elle est soumise à un monarque héréditaire, car elle a reconnu les dangers du

1. Le traité de Westphalie se conclut: les négociateurs respectifs croient avoir assuré le repos de l'Europe; ils parlent d'un équilibre et se flattent de l'avoir trouvé. Aucun d'eux n'aperçoit la Russie qui s'éveille du néant; qui, dans une création subite et inattendue, anéantit toutes ces combinaisons frivoles. Ce vain équilibre est rompu par le nom seul de cette puissance.

déplorable excès de sa liberté; et depuis ce temps la Pologne, avec le secours d'une administration saine et vigoureuse, est devenue un royaume florissant. — Et l'empire ottoman? — Faute d'un sultan législateur et guerrier assez ferme pour en imposer à ses troupes, et les assujettir aux lois d'une discipline nécessaire, cet empire a été subjugué. Il s'est régénéré sous le fer de la conquête, et il a fallu le génie des conquérants pour revivifier cet empire tombé en léthargie. — Et l'Allemagne? — Les États généraux de l'Allemagne ont toujours eu soin de considérer le corps germanique comme une république de souverains, présidée par un chef électif et même amovible; de sorte que la liberté du corps germanique est dans toute sa vigueur. Ce grand corps, pénétré des lumières politiques les plus pures, ne se ligue jamais en commun contre aucune autre puissance, et conserve tous les avantages de son système politique.

— Et les Provinces-Unies? — Les secousses du globe, les troubles et les dépenses que lui occasionnèrent son commerce avide et son opulence démesurée firent que la Hollande s'embarqua un jour pour l'Asie où elle avait des éta-

blissements immenses et d'un produit inesti-
mable. Elle n'existe plus, pour ainsi dire, que
dans les Indes orientales. — Et l'Angleterre? —
Son admirable constitution, quelquefois ébran-
lée, mais jamais anéantie, fait toujours sa force
et sa splendeur. Si elle a quelquefois payé cher
la liberté dont elle se glorifie, elle figure toujours sur le globe comme l'État qui a su le
mieux concilier tout ce qu'une législation humaine doit à la dignité de l'homme. Elle ne
rivalise plus avec l'empire des lys [1]. — Et la
France? — Elle possède l'Égypte et la Grèce,
florissantes colonies. — Et l'Espagne? — Les
Espagnols, enfin, ont su mettre en valeur la
vaste étendue de leurs possessions; ils ont
tourné leurs regards sur la culture des terres,
que leurs prédécesseurs avaient négligée; vous
pensez bien qu'il n'y a plus d'Inquisition. — Et
le Portugal? — Il s'est fondu tout entier dans

1. La France et l'Angleterre ne poseront jamais les fon-
dements d'une paix durable que quand elles feront un
traité de commerce qui les mettra à portée de donner un
libre cours aux rapports que les deux nations pourraient
avoir réciproquement. Quelle superbe alliance! L'Europe
se tairait.

l'Angleterre; cette puissance lui donne ses lois, et le Portugal y a gagné : car c'est le commerce à la longue qui unit les nations, et les rend inséparables l'une de l'autre. — Et l'Italie? — Toutes ces petites souverainetés, qui avaient chacune leur politique particulière, et des intérêts diamétralement opposés, ont fait enfin un corps. Le chef de la religion a mis toute sa force dans une vigilance pastorale; il examine attentivement les affaires générales de la politique des princes; il blâme ou il approuve; et ce prononcé, fondé sur une lumineuse et profonde sagesse, a une force morale qui ne laisse pas que d'intimider le souverain déraisonnable. Car, en qualité de père commun des chrétiens, la paix de l'Europe devient l'unique objet de ses sollicitudes.

Des rapports simples et lumineux ont fixé les bassins de la balance politique dans un équilibre à peu près exact; une égale tranquillité procure à tous les États les moyens de se replier sur eux-mêmes, pour perfectionner leur administration, ou pour réparer leurs pertes. Le démembrement d'un royaume ou d'une République suit toujours les projets insensés et téméraires, parce que notre politique, qui prévoit les altérations qu'un monarque extravagant pourrait occasionner dans le système général, fait retomber sur lui cette secousse violente et le rend responsable de la rupture de l'équilibre. Toutes les voix s'élèvent alors et lui prodiguent les durables démonstrations de la haine et du mépris.

Ce n'est plus le temps où l'on déplorait avec énergie le peu d'efficacité des traités, les infractions faites à la foi publique, et le renversement de toute idée d'équilibre et de justice générale. Notre vigilance active se renouvelle toutes les fois qu'une puissance se permet d'immoler son repos à la soif d'un agrandissement injuste. L'autorité législative, également partagée entre toutes les nations, a un poids et une vigueur dont vous n'aviez aucune idée ; de là une grande harmonie dans les délibérations ; une force coactive pour procurer l'exécution des résolutions publiques, des ressources infinies pour lever les obstacles.

Les grandes et énormes puissances ayant reçu des bornes circonscrites, tous ces corps militaires avaient insensiblement usé les ressorts des gouvernements et décomposé leurs principes; ils furent licenciés lorsque la force publique fit cesser cette situation déplorable où s'agitait l'Europe quand elle avait la frénésie d'entretenir un million de soldats portant le fusil sur l'épaule. L'Europe, infectée alors des misérables principes d'une politique barbare, ne pouvait recevoir un mouvement mesuré et uniforme, pouvait encore moins participer à cette réciprocité universelle d'intérêts et de secours qui est comme le lien et la sauvegarde de tous les États.

C'est dans l'anéantissement de tous ces grands corps militaires [1] qui attestaient la dégradation de l'espèce humaine, que nous avons trouvé le secret de rapprocher les diverses parties de l'Europe, de raffermir celles qui flottaient, de contenir celles qui tendaient à se déplacer, d'é-

---

1. Chaque État s'est respectivement épuisé pour pourvoir à sa défense. Toutes les forces d'un empire sont tendues en temps de paix comme en temps de guerre. Les peuples, accablés, succombent sous le faix de ces grands corps militaires qui ne sèment ni ne labourent et dévorent toujours. On compte en Europe près de douze cent mille hommes armés. Il faut les recruter chaque année d'un septième au moins.

tablir entre toutes une subordination constante, et surtout de dégager la législation universelle des États de cette rouille de barbarie qui en effaçait l'auguste empreinte.

D'ailleurs les formes républicaines ayant gagné, avec le progrès des lumières, tous les États, et l'Amérique étant une pépinière de républiques, il n'y a plus de ces corps monstrueux qu'on appelait *puissances militaires*, et qui ne donnaient jamais un dédommagement effectif de ce que les victoires mêmes avaient coûté.

Cette révolution des États, arrivée il y a trois cents ans, a contribué à resserrer les liens de la paix. Ainsi la politique, longtemps éclipsée, reparut sur la terre : elle a ses lois constantes que des méprises particulières rendent quelquefois inutiles; mais tôt ou tard il faut que les lois majestueuses reviennent à leur efficacité naturelle; car, l'homme étant un être sociable, il était impossible qu'il ne trouvât point, après tant d'erreurs et de calamités, les lois sublimes de la grande et parfaite société.

III. — L'AFRIQUE

Nous connaissons l'Afrique dans toutes ses parties. L'Égypte, de votre temps, obéissait au grand Turc. Elle obéit aujourd'hui au roi de France; c'est-à-dire aux Français.

Il était réservé à une nation amie des arts de restituer à l'Égypte le commerce du monde. C'était le point visiblement établi par la nature pour réunir l'Europe et l'Asie. Il communique avec les mers de l'Orient et de l'Occident. Une partie de ses navires font voile du golfe Arabique vers l'Inde, tandis que les autres couvrent la Méditerranée. Quand la nature a tout fait pour ce peuple privilégié, il était de l'intérêt de l'univers de chasser des barbares qui s'opposaient à la résurrection d'un pays fait pour lier les différentes nations de la terre.

Ainsi notre monarque possède les fameuses pyramides, ces merveilles antiques du monde. Nous avons trouvé un rayon de lumière à travers les ténèbres qui couvrent les premiers âges; ces lumières ensevelies sous le voile des hiéroglyphes ont jeté un jour nouveau sur les sciences et sur l'histoire.

Ce beau pays de la terre, qui servait de proie à un petit nombre de brigands, est régénéré ; il ne fallait qu'en chasser le despotisme et la barbarie. Nous l'avons fait : aujourd'hui Paris, Athènes, le grand Caire sont sous la puissante et généreuse main de Louis XXXIV, que nous chérissons tous comme un prudent et sage monarque.

Alexandrie est debout. Nous aimons à posséder ces monuments antiques qui ont vu les siècles s'écouler devant leur masse inébranlable. La chute des empires, les ravages du temps, le despotisme, ennemi de l'ordre et des lois et qui marche environné de la destruction, tout nous parle éloquemment devant ces grands objets. Ces riches contrées furent rendues par nous aux arts et aux sciences.

Vous avouerez que cette richesse, toujours renaissante dans les plus beaux climats du monde, formait un établissement bien plus précieux que toutes les colonies de l'Amérique. Ces ouvrages immortels, ces canaux exécutés par des rois qui faisaient leur bonheur de la prospérité

des peuples et de la gloire de leur empire, se
sont relevés sous nos mains.

Nous avons tiré des canaux du Nil au golfe
Arabique, et nous n'avons point craint, en ouvrant cette communication, que le golfe Arabique inondât le pays. Par ce moyen l'Égypte
est ouverte aux nations de toutes les contrées
du monde; elle est devenue l'entrepôt des marchandises de l'Europe, de l'Inde et de l'Afrique.
Grâce à nos arts mécaniques, nous avons opéré
ces changements merveilleux, ou plutôt nous
avons ressuscité des idées antiques et sublimes
dont l'empreinte était visible.

La légitime destruction des puissances barba-
resques fut, au XIXᵉ siècle, l'ouvrage concerté
des puissances maritimes. Ces guerres ne furent
point longues. Les pays subjugués par la plus
heureuse et la plus nécessaire des conquêtes,
devinrent le domaine des conquérants qui pu-
nirent justement des barbares qui ne s'étaient
fait connaître que par les vexations et la tyrannie. Ces bourreaux souverains rentrèrent dans
le néant, parce qu'ils déshonoraient également
la politique et l'humanité.

Nous aimons le pays où voyagèrent Orphée,

Homère, Hérodote et Platon ; et, comme le temps a respecté ses monuments superbes, nous tenons l'histoire curieuse et unique qui touche aux premiers âges du monde. Cette histoire n'est pas de simple curiosité, elle a jeté un jour efficace sur l'homme et sur sa dignité primitive.

Le limon que le Nil charrie successivement comble le Delta. Nous visitons l'île de Madagascar, la plus grande de notre globe. Nous avions déjà l'île Bourbon et celle de Maurice, mais cette possession précieuse était destituée de ports. Nous avons imité vos étonnants ouvrages de Cherbourg, ces cônes prodigieux qui domptèrent l'Océan, et sans contredit le plus beau monument de votre siècle.

L'île de Ténériffe, par où les Hollandais faisaient passer leur premier méridien ; l'*île de Fer* et d'autres îles où règne une merveilleuse abondance, où l'air est si salubre, et que la nature a placées comme des hôtelleries propres aux navigateurs de toutes les nations, l'emportaient infiniment sur ces colonies américaines si disputées, si onéreuses, et qui avaient coûté tant de sang pour du sucre.

Nous ne sommes plus coupables du crime

affreux d'entretenir des guerres perpétuelles entre les divers peuples de la côte d'Afrique. Nous ne semons plus l'esprit de division parmi eux, en les engageant au plus grand des attentats : à nous livrer leurs frères, pieds et poings liés, pour en faire nos esclaves. Nous ne les portons plus dans des boîtes infectes à quinze cents lieues de leur pays pour cultiver, sous le fouet déchirant d'un lâche propriétaire, des cannes à sucre beaucoup moins belles que celles que l'on cultive auprès de leurs cabanes paternelles.

Vous aviez dévasté l'Amérique pour y planter ensuite la canne à sucre, et vous alliez chercher les cannes et les nègres à la côte d'Afrique. Hélas ! il ne fallait pas tant de peine, de dépense et de cruauté pour avoir du sucre. Il suffisait de ne pòint dégrader les hommes que la nature avait placés à côté des cannes à sucre, dans leur pays originaire.

Ces cannes avaient dégénéré dans vos îles de l'Amérique, elles étaient devenues chétives ; nous sommes retournés à la côte d'Afrique où la canne à sucre croît sans culture ; nous y avons formé quelques établissements pacifiques, et, comme la nature fait presque tous les frais de la production, le sucre cultivé par des mains libres est douze fois au-dessous du prix qu'il vous coûtait lorsque vous tourmentiez l'Europe, l'Afrique et vous pour exprimer un peu d'or du sang des hommes; car la terre n'est avare que pour les tyrans et les esclaves. La stérilité de ces pays immenses a disparu dès que l'humanité a cessé d'être outragée et que les hommes, protégés par les lois, ont reconquis leur intelligence et leur liberté.

Le Nil et le Sénégal voiturent superbement nos marchandises. Nous allons au grand Caire, à Alexandrie, puiser les trésors des deux mondes. Notre imagination s'élève et s'agrandit en admirant les pyramides et les mugissantes cataractes du Nil, tous ces palais magnifiques à demi accablés sous leurs propres débris. Le granit et le porphyre couvrant cette terre de merveilles, tout prouve que notre monde naissant avait une richesse et une magnificence particulière et que l'Europe entière n'a rien encore de comparable, en fait de monuments et d'édifices publics, à ces précieux reste de l'Égypte.

L'Égypte n'était plus dans le fait dépendante

de l'empire ottoman. L'anarchie du gouvernement ouvrait la porte au premier occupant. Ce pays, démembré de l'empire ignorant et barbare, nous échut en partage, et la Porte Ottomane a retiré son pacha sans mot dire.

Notre police ensuite écarta la peste qui désolait annuellement l'Égypte, et nous avons versé ce bienfait sur un pays immense. Notre libre navigation sur la mer Rouge nous a valu des avantages sans nombre. Le sol des îles de l'Amérique s'est trouvé épuisé, et nous tirons notre sucre et notre coton d'un pays voisin, au lieu d'aller chercher ces denrées à quinze cents lieues de nous.

IV. — LE CABINET DU ROI

J'aperçus un temple vaste qui me remplit d'admiration et de respect. Sur son frontispice était écrit : *Abrégé de l'Univers.* — Vous voyez, me dit-on, le *Cabinet du Roi.*

J'entre, et je fus saisi d'une douce surprise ! Ce temple était le palais animé de la nature : toutes les productions qu'elle enfante y étaient rassemblées avec une profusion qui n'excluait point l'ordre.

De côté et d'autre se présentaient des figures de marbre, avec cette inscription : *A l'inventeur de la scie; à l'inventeur du rabot; à l'inventeur de la machine à bas; à l'inventeur du tour, du cabestan, de la poulie, de la grue, etc., etc.*

Toutes les sortes d'animaux, de végétaux et de minéraux étaient placées sous ses quatre grandes ailes, et aperçues d'un coup d'œil. Quel immense et merveilleux assemblage !

Sous la première aile, on voyait depuis le cèdre jusqu'à l'hysope.

Sous la seconde, depuis l'aigle jusqu'à la mouche.

Sous la troisième, depuis l'éléphant jusqu'au ciron.

Sous la dernière, depuis la baleine jusqu'au goujon.

Au milieu du dôme étaient les jeux de la nature, les monstres de toute espèce, les productions bizarres, inconnues, uniques en leur genre, car la nature, au moment où elle abandonne ses lois ordinaires, marque une intelligence encore plus profonde que lorsqu'elle ne s'écarte point de sa route.

Sur les côtés, des morceaux entiers arrachés

des mines présentaient des **labora**toires secrets où la nature travaille ces métaux **que** l'homme a rendus tour à tour utiles et dangereux. De longues couches de sable, savamment enlevées et artistement placées, offraient l'intérieur de la terre et l'ordre qu'elle observe dans les différents lits de pierre, d'argile, de plâtre qu'elle arrange.

De quel étonnement je fus frappé, lorsque, au lieu de quelques os desséchés, j'aperçus l'immense baleine en personne, le monstrueux hippopotame, le terrible crocodile, etc. On avait observé dans l'arrangement les gradations et les variétés que la nature a mises dans ses productions.

L'échelle des êtres, si combattue de nos jours, et que plusieurs philosophes avaient judicieusement soupçonnée, avait alors reçu le trait de l'évidence, On voyait distinctement que les espèces se touchent, se fondent, pour ainsi dire, l'une dans l'autre; que, par des passages délicats et sensibles, depuis la pierre brute jusqu'à la plante, depuis la plante jusqu'à l'animal ct depuis l'animal jusqu'à l'homme, rien n'était interrompu; que les mêmes causes enfin d'accroissement, de durée et de destruction leur étaient communes. On avait remarqué que la nature dans toutes ses opérations tendait avec énergie à former l'homme, et qu'élaborant patiemment, et même de loin, cet important ouvrage, elle s'essayait à plusieurs reprises pour arriver à ce terme graduel de sa perfection, lequel semble le dernier effort qui lui soit réservé.

Ce cabinet n'était point un chaos, un amas indigeste, où les objets épars ou entassés ne donnaient aucune idée nette ou précise. La gradation était savamment ménagée et suivie. Mais ce qui surtout favorisait l'ordre, c'est qu'on avait découvert une préparation qui préservait les pièces conservées des insectes nés de la corruption.

Je me sentis opprimé du poids de tant de miracles. Mon œil embrassait tout le luxe de la nature. Comme en ce moment j'admirais son auteur! Comme je rendais hommage à son intelligence, à sa sagesse, à sa bonté plus précieuse encore! Que l'homme était grand! en se promenant au milieu de tant de merveilles rassemblées par ses mains, et qui semblaient créées pour lui, puisque lui seul a l'avantage de le

sentir et de les apercevoir. Cette file proportionnelle, ces nuances observées, ces lacunes
apparentes et toujours remplies, cet ordre gra-
dué, ce plan qui n'admettait point d'intermédiaire, après la vue des cieux, quel spectacle plus
magnifique sur cette terre qui, elle-même, n'est
cependant qu'un atome [1]!

— Par quel courage étonnant a-t-on exécuté
de si grandes choses, demandai-je?

1. Il faut avouer que l'histoire de la physique n'est que
celle de notre faiblesse. Le peu que nous savons nous
révèle l'étendue de notre ignorance. La physique est pour
nous, comme pour les anciens, une science occulte. On ne
peut lui contester quelques parties: on peut lui nier le
tout. Quel est l'axiome qui lui soit particulier? Le projet d'une histoire naturelle est très digne d'éloges; mais il
est un peu fastueux. Tel homme a consumé sa vie à
poursuivre la plus petite propriété d'un minéral, et il est
mort avant d'avoir épuisé la matière. Cette immensité
d'objets, animaux, arbres, plantes, doit effrayer l'intelligence d'un seul homme. Mais doit-il se décourager? Non:
c'est ici que l'audace est vertu, l'opiniâtreté sagesse, la
présomption chose utile. Il faut tant épier la nature, qu'à
la fin elle laisse échapper son secret: la deviner ne paraît
pas impossible à l'esprit humain, pourvu que la chaîne
des observations ne soit pas interrompue, et que chaque
physicien se montre plus jaloux de la perfection de la
science que de sa propre gloire; sacrifice rare, mais nécessaire, et qui fera distinguer le véritable ami des hommes.

— C'est l'ouvrage de plusieurs rois, me répondit-on : tous jaloux d'honorer le titre d'être intelligent, la curiosité de déchirer les voiles qui couvrent le sein de la nature, cette passion sublime et généreuse les a enflammés d'un feu toujours entretenu avec le même soin. Au lieu de compter des batailles gagnées, des villes prises d'assaut, des conquêtes injustes et sanguinaires, on dit de nos rois : *Il a fait telle découverte dans l'océan des choses, il a accompli tel projet favorable à l'humanite.* On ne dépense plus cent millions pour faire égorger des hommes pendant une campagne ; on les emploie à augmenter les véritables richesses, à faire servir le génie et l'industrie, à doubler leurs forces, à compléter leur bonheur.

De tous temps il y a eu des secrets découverts par des hommes les plus grossiers en apparence ; on en a perdu plusieurs qui n'ont brillé que comme l'éclair : mais nous avons senti qu'il n'y a rien de perdu que ce qu'on veut bien qu'il le soit. Tout repose dans le sein de la nature ; il ne faut que chercher : il est vaste, présente mille ressources pour une. Rien ne s'anéantit dans l'ordre des êtres. En agitant perpétuellement la masse des idées, les rencontres les plus éloignées peuvent renaître[1]. Intimement con-

1. A voir le point d'où les hommes sont partis en physique, et le point où ils s'arrêtent aujourd'hui, il faut avouer qu'avec toutes nos machines nous ne faisons point un usage aussi étendu de notre sagacité et de notre pénétration. L'homme livré à lui-même semblait plus fort qu'avec tous ces leviers étrangers. Plus nous avons acquis, plus nous sommes devenus paresseux. Ce nombre infini d'expériences n'a guère servi qu'à consacrer l'erreur. Content de voir on a cru toucher le but; on a dédaigné d'aller plus loin. Nos physiciens glissent sur mille objets importants, dont ils paraîtraient devoir donner la solution. La physique expérimentale est devenue un spectacle ou plutôt une espèce de charlatanerie publique. Le démonstrateur aide souvent du doigt l'expérience qu'il a annoncée, si elle est paresseuse ou désobéissante. Que voit-on aujourd'hui? Des découvertes isolées, inutiles; des physiciens dogmatiques, immolant tout à un système; des diseurs de mots, éblouissant le vulgaire et faisant pitié à l'homme qui soulève l'écorce polie de ces vaines paroles. Les Mémoires de l'Académie des Sciences présentent une multitude de faits; on y rencontre des observations étonnantes : mais toutes ces observations ressemblent à l'histoire de ces peuples inconnus où un seul homme s'est trouvé et chez lesquels personne ne saurait aborder de nouveau. Il faut croire le voyageur et le physicien; il faut les croire même s'ils se sont trompés : on ne peut tirer aucune utilité de leurs discours, vu la distance des lieux et la difficulté d'appliquer leur récit à quelque objet réel.

vaincus de la possibilité des plus étonnantes découvertes, nous n'avons point tardé à les faire.

Nous avons élevé des tours situées sur le sommet des montagnes ; c'est de là qu'on fait des observations continuelles qui se croisent et se correspondent. Nous avons perfectionné vos aérostats au point que ce n'est plus la même machine ; nous correspondons avec tous les points du globe, maîtres absolus du point de direction.

Nous avons formé des torrents et des cataractes artificiels, afin d'avoir une force suffisante pour produire les plus grands effets du mouvement. Nous avons établi des bains aromatiques pour rétablir les corps séchés par l'âge, pour renouveler les forces et la substance ; car Dieu n'a créé tant de plantes salutaires et n'a donné à l'homme l'intelligence de les connaître que pour confier à son industrie le soin de conserver sa santé et la trame fragile et précieuse de ses jours.

Nos promenades mêmes, qui chez vous ne semblaient faites que pour l'agrément, nous payent un tribut utile. Ce sont des arbres fruitiers qui réjouissent la vue, qui embaument l'odorat, et qui remplacent le tilleul, le stérile maronnier et l'orme rabougri. Nous entons et nous greffons nos arbres sauvages, afin que nos travaux répondent à l'heureuse libéralité de la nature, qui n'attend que la main du maître à qui le créateur l'a, pour ainsi dire, soumise.

Nous avons de vastes ménageries pour toutes sortes d'animaux. Nous avons rencontré dans le fond des déserts des espèces qui vous étaient absolument inconnues. Nous mélangeons les races pour en voir les différents résultats. Nous avons fait des découvertes extraordinaires et très utiles, et l'espèce est devenue plus grosse et plus grande du double : nous avons enfin remarqué que les peines que l'on se donne avec la nature sont rarement infructueuses.

Promenez-vous dans ces jardins, où la botanique a reçu toute la perfection dont elle était susceptible. Vos aveugles philosophes se plaignaient de ce que la terre était couverte de poisons : nous avons découvert que c'étaient les remèdes les plus actifs que l'on pût employer : la providence a été justifiée, et elle le serait en tout point si nos connaissances n'étaient pas si faibles et nous si bornés. On n'entend plus des plaintes sur ce globe. Une voix lamentable ne s'écrie plus : *Tout est mal!* On dit sous l'œil d'un Dieu : *Tout est bien!* Les effets mêmes des poisons ont été aperçus et décrits, et nous nous jouons avec eux.

Nous avons extrait le suc des plantes avec tant de succès que nous en avons. formé des liqueurs pénétrantes et non moins douces, qui s'insinuent dans les pores, se mêlent aux fluides, rétablissent les tempéraments, et rendent le corps plus ferme, plus souple et plus robuste.

Nous avons trouvé le secret de dissoudre la pierre dans le corps humain, sans brûler les entrailles. Nous guérissons la phtisie, la pulmonie, toutes ces maladies autrefois jugées mortelles. Mais le plus beau de nos exploits est d'avoir exterminé cette hydre épouvantable, ce fléau honteux et cruel qui attaquait les sources de la vie et celles du plaisir : le genre humain touchait à sa ruine; nous avons découvert le spécifique heureux qui devait le rendre à la vie, et au plaisir plus précieux encore.

On me présenta des microscopes, au moyen desquels j'aperçus de nouveaux êtres échappés à la vue perçante de nos modernes observateurs. L'œil n'était point fatigué, tant l'art était simple et merveilleux. Chaque pas que l'on faisait dans ce séjour satisfaisait la curiosité la plus ardente. Plus elle paraissait inépuisable, plus elle trouvait d'aliments à dévorer. Oh! que l'homme est grand ici, m'écriai-je plusieurs fois, et que ceux qu'on appelait de mon siècle de grands hommes étaient petits en comparaison [1]!

L'acoustique n'était pas moins miraculeuse. On avait su imiter tous les sons articulés de la voix humaine, du cri des animaux, du chant varié des oiseaux; on faisait jouer certains ressorts, et l'on se croyait tout à coup transporté dans une forêt sauvage. On entendait le rugissement des lions, des tigres et des ours, qui

1. On pourrait faire un ouvrage volumineux des différentes questions, tant physiques, morales et métaphysiques, qui se présentent en foule à l'esprit et sur lesquelles les hommes de génie sont aussi ignorants que les sots, et l'on pourrait répondre en un seul mot à toutes ces questions physiques, morales et métaphysiques : mais ce mot est celui du profond logogryphe qui nous environne. Je ne désespère pas qu'on le trouve un jour : j'attends tout de l'esprit humain quand il regardera son intelligence comme devant pénétrer ce qui est et soumettre ce qu'il touche.

semblaient se dévorer entre eux. L'oreille était déchirée : on eût dit que l'écho, plus formidable encore, répétait au loin ces sons discordants et barbares. Mais, voici que le chant des rossignols succédait à ces tons discordants. Sous leurs gosiers harmonieux chaque particule d'air devenait mélodieuse ; l'oreille saisissait jusqu'aux frémissements de leurs ailes amoureuses, et ces sons flattés et doux que le gosier de l'homme n'a jamais pu imiter qu'imparfaitement. A l'ivresse du plaisir se joignait la douce surprise ; et la volupté qui naissait de ce mélange heureux descendait dans tous les cœurs.

Ce peuple, qui avait toujours un but moral dans les prodiges mêmes d'un art curieux, avait su tirer parti de sa profonde invention. Dès qu'un jeune prince parlait de combats ou inclinait à quelque passion belliqueuse [1], on le

1. Puissants potentats, qui vous partagez ce globe, vous avez des canons, des mortiers, des armées nombreuses, qui développent des files éblouissantes de soldats : d'un mot vous les envoyez exterminer un royaume ou conquérir une province. Je ne sais pourquoi, au milieu de vos enseignes flottantes, vous me paraissez misérables et petits. Les Romains, dans leurs jeux, faisaient combattre des pygmées, ils souriaient des coups qu'ils se portaient : ils ne

conduisait dans une salle qu'on avait justement nommée l'*enfer* : aussitôt un machiniste mettait en jeu les ressorts accoutumés, et l'on produisait à son oreille toutes les horreurs d'une mêlée, et les cris de la rage, et ceux de la douleur, et les clameurs plaintives des mourants, et les sons de la terreur, et les mugissements de cet affreux tonnerre, signal de la destruction, voix exécrable de la mort. Si la nature ne se soulevait pas alors dans son âme, s'il ne jetait pas un cri d'horreur, si son front demeurait calme et immobile, on l'enfermait dans cette salle pour le reste de ses jours ; mais chaque matin on avait soin de lui répéter ce morceau de musique, afin qu'il se contentât du moins sans que l'humanité en souffrît.

L'intendant de ce cabinet me joua un tour ; il fit résonner tout à coup son infernal opéra, sans m'avoir prévenu. — Ciel ! Ciel ! grâce ! grâce ! m'écriai-je de toutes mes forces et en me bouchant les oreilles : épargnez-moi, épargnez-moi ! — Il fit cesser. — Comment ? me dit-il, ceci ne vous plaît point ? — Il faut être un démon,

soupçonnaient pas qu'ils étaient eux-mêmes devant l'œil du sage ce que ces nains paraissaient à leurs yeux.

lui répondis-je, pour se plaire à cet horrible ta-
page. — C'était cependant de votre temps un
divertissement fort commun, que les rois et les
princes prenaient tout comme celui de la
chasse [1] (laquelle, on l'a fort bien dit, était la
fidèle image de la guerre) [2]. Ensuite les poètes
venaient les féliciter d'avoir effrayé les oiseaux

1. Dans les calamités actuelles qui désolent l'Europe, ce
que je trouve de plus avantageux est la dépopulation. Du
moins, puisque les hommes doivent être si malheureux, il
y aura moins d'infortunés. Si cette réflexion est barbare,
que le blâme en retombe sur ses auteurs.

2. Singulière et déplorable constitution de notre monde
politique! Huit à dix têtes couronnées tiennent l'espèce
humaine à la chaîne, se correspondent, se prêtent des secours mutuels, pour la maintenir entre leurs mains royales,
pour la serrer à leur gré jusqu'à produire des mouvements
convulsifs. La conspiration n'est point cachée dans l'ombre : elle est publique, elle est ouverte, elle se traite par
ambassadeurs. Nos plaintes n'arrivent plus jusqu'à leurs
superbes oreilles. Jetons un coup d'œil sur l'Europe : elle
n'est plus qu'un vaste arsenal où des milliers de barils de
poudre n'attendent pour prendre feu qu'une légère étin-
celle. Souvent c'est la main d'un ministre étourdi qui
cause l'explosion. Elle embrase à la fois le Midi, le Nord,
les deux bouts de la terre. Combien de pièces de canons,
de bombes, de fusils, de boulets, de balles, d'épées, de
baïonnettes, etc., de marionnettes meurtrières, obéissant au
fouet de la discipline, attendent l'ordre émané d'un cabinet pour jouer leurs parades sanglantes ? La géométrie

du ciel à dix lieues à la ronde, et d'avoir sage-
ment pourvu à la curée des corbeaux : surtout

elle-même a profané ses divins attributs ; elle favorise les
fureurs tour à tour ambitieuses, tour à tour extravagantes
des souverains. Avec quelle précision on fait détruire une
armée, foudroyer un camp, assiéger une place, incendier
une ville ! J'ai vu des académiciens combiner de sang-
froid la charge d'un canon. Eh ! messieurs, attendez que
vous ayez seulement une principauté. Que vous importe
quel nom doit régner dans tel pays ? Votre patriotisme
est une vertu fausse et dangereuse à l'humanité. Car exa-
minons un peu ce que signifie ce mot *patriotisme*. Pour
être attaché à un Etat, il faut être membre de l'État.
Excepté deux ou trois républiques, il n'y a plus de patrie
proprement dite. Pourquoi l'Anglais serait-il mon ennemi?
Je suis lié avec lui par le commerce, par les arts, par tous
les nœuds possibles ; il n'existe entre nous aucune anti-
pathie naturelle. Pourquoi voulez-vous donc que passé
telle borne je sépare ma cause de celle des autres hommes?
Le patriotisme est un fanatisme inventé par les rois et
funeste à l'univers. Car, si ma nation était trois fois plus petite, j'aurais à haïr trois fois plus de gens ; mes affections dé-
pendraient des limites changeantes des États: dans la même
année il faudrait aller porter la flamme chez mon voisin,
et me réconcilier avec celui que j'aurais égorgé la veille.
Je ne soutiendrais donc au fond que les droits capricieux
d'un maître qui voudrait commander à mon âme. Non :
l'Europe ne doit plus former à mes yeux qu'un vaste État,
et le souhait que j'ose faire, c'est qu'elle se réunisse sous
une seule et même domination. Tout vu, tout considéré,
ce serait là un grand avantage : alors je pourrais être

ces poètes se plaisaient fort à décrire une bataille. — Ah! je vous prie, ne me parlez plus de cette maladie épidémique qui attaquait la pauvre espèce humaine. Hélas! elle avait tous les symptômes de la rage et de la folie. Des rois poltrons, du haut de leur trône, l'envoyaient mourir, et le troupeau obéissant, sous la garde d'un seul chien, allait joyeusement à la boucherie. Comment la guérir dans ces temps d'illusion? Comment briser le talisman magique? Un petit bâton, un cordonnet rouge ou bleu, une petite croix d'émail répandaient partout l'esprit de vertige et de fureur. D'autres devenaient enragés seulement à l'aspect d'une cocarde ou de quelques oboles. La guérison a dû être longue : mais j'avais presque deviné que tôt ou tard le baume calmant de la philosophie cicatriserait ces plaies honteuses [1].

patriote. Mais, aujourd'hui, qu'est-ce que la liberté moderne? Elle n'est autre chose (dit un écrivain) que l'héroïsme de l'esclavage.

1. Quel spectacle ! deux cent mille hommes répandus dans de vastes campagnes, et qui n'attendent que le signal pour s'égorger. Ils se massacrent à la face du soleil, sur les fleurs du printemps. Ce n'est point la haine qui les anime : ce sont des rois qui leur ordonnent de mourir. Si

On me fit entrer dans le cabinet de mathématiques : il me parut très riche, et on ne peut pas
mieux ordonné. On avait banni de cette science
tout ce qui ressemblait à des jeux d'enfants,
tout ce qui n'était que spéculation sèche, oisive,
ou qui passait les bornes de notre pouvoir. Je
vis des machines de toute espèce faites pour
soulager les bras de l'homme, douées de puissances beaucoup plus fortes que celles que
nous connaissions. Elles produisaient toutes sortes de mouvements. On se jouait ainsi des plus
pesants fardeaux. — Vous voyez, me dit-on, ces
obélisques, ces arcs de triomphe, ces palais, ces
hardis monuments dont l'œil est étonné : ils ne
sont point l'ouvrage de la force, du nombre et
de la dextérité ; les instruments, les leviers les
plus perfectionnés, voilà ce qui a tout fait. Je
trouvai en effet et dans le plus grand détail les
instruments les plus exacts, soit pour la géométrie, soit pour l'astronomie, soit pour la géographie [1].

ce cruel événement arrivait pour la première fois, ceux
qui n'en ont pas été témoins ne seraient-ils pas en droit de
le révoquer en doute ? *Cette pensée appartient à M. Gaillard.*

1. Jadis les colonnes d'Hercule étaient nos limites vers

Tous ceux qui avaient tenté des expériences d'un genre neuf, hardi, étonnant, eûssent-ils même échoué (car on ne s'instruit pas moins en ne réussissant pas), avaient leurs bustes en marbre, environnés des attributs convenables.

l'occident, et l'on savait à peine le nom des régions situées par delà l'Indus et le Gange. Aujourd'hui un nouvel hémisphère est ajouté à l'ancien; la mer du Sud a été parcourue en tous sens; l'infatigable Cook, tâtant de tout côté le pôle austral, a prouvé qu'il était entouré de glaces éternelles, et non pas un vaste continent, comme on l'avait cru jusqu'à lui. Je suis fâché de me voir détrompé. Il ne reste presque plus de découvertes à faire sur le globe; et du fond de son cabinet, sans peine, sans risque et sans dépense, on peut en un instant, au moyen des cartes géographiques, acquérir une idée presque aussi juste des pays éloignés, que si l'on avait consumé une partie de sa vie à les parcourir soi-même.

TABLE DES MATIÈRES

Paris. — Typ. Chamerot et Renouard, 19, rue des Saints-Pères. — 28687